콩나물쌤과 함께하는
문해력 속담왕(문화편)

초판 1쇄 인쇄 2025년 7월 17일
초판 1쇄 발행 2025년 7월 28일

지은이 전병규
그림 정서용
펴낸이 이범상
펴낸곳 (주)비전비엔피 · 그린애플

책임편집 김혜경
기획편집 차재호 김승희 한윤지 박성아
디자인 인주영
마케팅 이성호 이병준 문세희 이유빈
전자책 김희정 안상희 김낙기
관리 이다정
인쇄 새한문화사

주소 우) 04034 서울특별시 마포구 잔다리로7길 12 (서교동)
전화 02) 338-2411 | **팩스** 02) 338-2413
홈페이지 www.visionbp.co.kr
인스타그램 https://www.instagram.com/greenapple_vision
이메일 gapple@visionbp.co.kr

등록번호 제2021-000029호

ISBN 979-11-92527-24-6 64700
   979-11-92527-36-9 (세트)

· 값은 뒤표지에 있습니다.
· 잘못된 책은 구입하신 서점에서 바꿔드립니다.

콩나물쌤과 함께하는

문해력 속담왕
문화편

와, 진짜 아는 게 힘이구나.

그린애플

추천사

속담에는 문화, 전통, 지혜, 교훈, 재치, 그리고 언어 감각이 모두 담겨 있다. 그래서 초등학생 때 속담을 제대로 알아야 할 필요가 있다. 이 책은 단순히 속담을 알려 주는 데 그치지 않고, 가지고 놀게 만든다. 아이 스스로 생각하게 하고, 익숙한 만화로 의미를 이해시키고, 다른 표현으로 확장하며, 일상생활에 속담을 적용하게 하면서 언어능력을 자극한다. 한 마디로 속담의 속까지 뒤집어 보여 주며 문해력을 높이는 프로그램이다.

_ 최나야 (서울대 아동가족학과 교수, 《초등 문해력을 키우는 엄마의 비밀》 저자)

학창 시절에 속담 목록을 보면서 재미없게 속담을 접한 기억이 납니다. 외워지지도 않았고 이해도 되지 않았으며 일단 그 속담 목록을 보기 싫었어요. 재미없었기 때문입니다. 그런데 이 책을 보고 놀랐습니다. 속담이 이렇게 재밌을 수 있는 것인가요? 재미는 아이들에게 최고의 동기 요인입니다. 속담을 재치 있는 그림과 만화로 표현하여 이해를 돕고, 이 책을 보고 싶게 만들어 줍니다. 단순히 재밌는 만화로 끝나는 것이 아니라 콩나물쌤의 상세한 설명과 나만의 예시를 직접 써보면서 깊이 있는 이해를 더해 그 속담을 정말 '나의 것'으로 만들어 줍니다. 이 책은 비유가 가득한 말을 쉽게 이해할 수 있도록 하는 장치를 통해 글을 이해하고, 나아가 나의 삶과 연결해 보도록 돕고 있습니다. 재미, 유익함, 실용성, 유의미성, 이 네 박자가 갖춰진 책이 잘 없지만 이 책은 네 가지를 동시에 지니고 있습니다. 책을 읽어도 무슨 뜻인지 잘 모르는 아이, 글 읽기를 즐겨하지 않는 아이, 비유나 상징이 들어간 글을 어려워하는 아이, 조금 더 수준 높고 풍성한 문해력을 갖고 싶어 하는 아이 모두에게 추천해 드립니다.

_ 효린파파 성기홍 (EBS 영어 강사, 교사, 영어 교육크리에이터)

2007년 아이폰의 출시 이후 세상은 달라졌습니다. 전 세계인들이 고개를 숙여 스마트폰을 들여다보고 있습니다. 이 현상은 앞으로도 지속될 것으로 전망됩니다. 자녀들이 스마트폰을 접하게 되는 것은 피할 수 없는 숙명입니다. 하지만 여전히 학교와 사회에서는 문해력이 중요하게 작용하는 시험을 보고 있습니다. 스마트폰의 영향을 가볍게 생각하고 독서의 힘을 경시해서는 안 됩니다. 지금이라도 초등학교 교과서를 펼쳐서 아이들이 그 내용을 제대로 이해하고 있는지를 확인해 보세요. 초등에서 모두가 앞서가고 있는 듯하지만 교과서 내용을 완전히 이해하는 아이들은 한 반에 몇 명 없습니다.

미취학에서 초등까지 읽고 또 읽어야 합니다. 그리고 읽기의 핵심은 어휘, 그리고 글에 대한 이해입니다. 콩나물쌤이 쓴 이 책 한 권으로 두 마리 토끼를 모두 잡을 수 있습니다. 저는 개인적으로 선조들이 남긴 속담을 굉장히 좋아합니다. 저에게 속담은 아주 오래 전을 산 선조와의 대화 수단입니다. 속담의 의미를 생각해 보면 선조들도 나와 같은 고민을 했다는 생각을 하게 됩니다.

속담 공부를 통해서 많은 것을 배울 수 있을 것이라고 생각합니다. 어휘를 바탕으로 한 문해력은 물론이고, 옛 선조의 지혜를 배우면서 오늘을 슬기롭게 살아갈 수 있을 겁니다. 무엇보다 인성 교육이 많이 부족한 요즈음 속담의 의미를 새기는 아이들은 공감 능력을 바탕으로 우리 사회에 필요한 인재가 될 것이라 생각합니다. 이 책을 꾸준히 읽으며 부모와 자녀가 많은 대화를 나누고, 소중한 가치를 배우는 기회를 갖기 바랍니다. 아이들이 미래입니다.

_ 정승익(더불어함께 교육연구소 대표, 《어머니, 사교육을 줄이셔야 합니다》 저자)

문해력에 대한 초등 부모들의 고민이 커지고 있습니다. 글보다는 영상에 익숙한 아이들이 증가해서 문해력 부족 문제가 지속적으로 대두되고 있는 것이죠. 문해력이 부족하면 글을 잘 읽지 못하고 이해하지 못할 뿐만 아니라 말을 조리있게 하지 못하는 상황까지 이어질 수 있죠. 그렇다면 문해력을 향상시키기 위한 방법은 없을까요. 이 책은 이 질문에 구체적인 해답을 주고 있습니다. 초등교육 전문가이자 문해력 전문가인 저자는 '속담'을 익히는 것에 주목합니다. 그도 그럴것이 속담은 우리 선조들이 가진 삶의 지혜가 잘 녹아 있는 짧은 표현이기 때문이죠. 속담은 자신의 생각과 의견을 멋지게 표현할 수 있는 유용한 도구이지요. 저자는 단순히 속담을 학습하라고 알려주는 것에서 더 나아가 속담을 좀 더 잘 익힐 수 있도록 친절한 가이드까지 제시합니다. 기존에 속담을 주제로 한 책들이 만화나 이야기로 접근을 했다면 이 책은 속담에 들어있는 비유를 적용해 좀 더 쉽게 이해할 수 있도록 도와줍니다. 문해력, 어휘력을 재미있고 유익하게 익히고 싶은 분들께 이 책을 추천합니다.

_ 방종임(유튜브 교육채널 '교육대기자TV' 운영자, 《자녀교육 절대공식》 저자)

프롤로그

비유를 이해해야 문해력 속담왕!

안녕!! 여러분~ 저는 콩나물쌤이에요. 《콩나물쌤과 함께하는 문해력 속담왕》에 오신 것을 환영해요. 여러분은 속담이 무엇인지 알고 있나요? 속담은 우리 선조들의 삶의 지혜가 녹아 있는 짧은 표현을 뜻해요. 속담은 오래된 이야기지만 여전히 중요해요. 무려 4천 년도 더 된 속담도 여전히 우리 삶에 적용되기 때문이죠. 인간의 삶에는 아무리 많은 시간이 지나도 변하지 않는 것들이 있답니다. 우리가 속담을 배워야 하는 이유를 좀 더 자세히 살펴볼까요?

첫째, 살면서 나쁜 일을 덜 겪을 수 있어요. 예를 들어 '고래 싸움에 새우 등 터진다'는 속담을 알면 쓸데없이 남의 다툼에 끼어 손해 입는 일이 적어요. 또 '바늘 도둑이 소도둑 된다'는 속담을 알면 작은 잘못을 가볍게 여기다 점점 큰 잘못을 저지르는 일이 적겠죠.

둘째, 자기의 생각과 의견을 쉽고 멋지게 표현할 수 있어요. 자기가 아는 것이 전부라고 생각하는 친구에게는 '우물 안의 개구리', 약한 친구를 괴롭히는 아이에게는 '지렁이도 밟으면 꿈틀한다'라고 말해 주세요. 길고 복잡하게 말하지 않아도 여러분의 생각을 명확히 표현할 수 있답니다.

셋째, 문화를 깊이 이해할 수 있어요. 속담에는 사람들이 살면서 자주 하는 행동과 실수, 흔히 볼 수 있는 동물과 사물 등 그 사회의 문화가 고스란히 녹아 있어요. 예를 들어 우리 속담에는 소가 자주 나오는 반면 태국 속담에는 코끼리가 자주 나와요. 속담에 나오는 외양간, 우물, 솥뚜껑, 숭늉, 등불, 선무당 같은 단어들은 모두 우리 문화를 잘 보여 주고 있어요.

속담은 어떻게 배우느냐가 정말 중요해요. 속담을 배울 때는 단순히 뜻을 외워서는 안 돼요. 그래서 재미있는 만화나 이야기만으로는 속담을 제대로 알 수 없답니다. 속담은 그 의미를 깊이 이해하는 것이 아주 중요하답니다. 그러기 위해서는 속담에 담긴 비유를 이해해야 해요.

비유란 설명하려는 것을 비슷한 성질을 가진 다른 것에 빗대어 설명하는 방법이에요. 예를 들어 '아빠는 포크레인처럼 힘차게 땅을 팠다'는 땅을 파는 아빠의 힘찬 모습을 포크레인에 비유한 표현이에요. 아빠를 포크레인에 비유함으로써 아빠의 강한 힘을 강조하고 있어요.

속담은 비유의 덩어리예요. 모든 속담은 비유고 속담 속 모든 표현 역시 비유예요. '우물 안 개구리'에서 우물은 우물이 아니고 개구리는 개구리가 아니에요. 우물은 보고 들은 것이 별로 없는 상황을, 개구리는 어리석은 사람을 뜻해요. 마찬가지로 '바늘 도둑이 소도둑 된다'에서 바늘 도둑과 소도둑 역시 바늘 도둑과 소도둑을 뜻하지 않아요. 바늘 도둑은 작은 나쁜 짓을, 소도둑은 큰 나쁜 짓을 뜻해요. 그렇기 때문에 비유를 이해하지 못한 채 속담을 배운다면 배워도 배운 것이 아니랍니다. 그래서 그동안 재미있는 속담책을 읽고 나서도 속담의 뜻은 잘 몰랐던 거예요.

속담을 통해 비유를 이해하고 나면 학교 공부에도 큰 도움이 돼요. 비유를 이해하는 힘이 커지면 지식을 이해하는 힘이 커지기 때문이에요. 왜 그럴까요? 사람은 새로운 것을 배울 때 늘 자신이 이미 알고 있는 것과 비교하면서 배워요. 예를 들어 얼룩말은 얼룩 + 말이며 곱셈은 덧셈의 반복이라는 식으로 이해하게 되죠. 그래서 공부를 잘하려면 내가 이미 알고 있는 것과 새로 배우는 것 사이의 관련성을 이해하는 것이 중요해요.

비유는 하나와 다른 하나를 연결하는 표현이에요. 그래서 비유를 잘 이해하는 아이는 새로 배우는 지식을 이미 자신이 알고 있는 지식과 잘 연결할 줄 알아요. 그래서 속담을 통해 비유를 이해하면 학교 공부에 도움이 되는 거예요. 선생님의 설명을 들을 때 비유라는 생각의 도구로 남들보다 더 쉽게 이해할 수 있는 거죠. 교과서를 읽거나 지식책을 읽을 때 역시 마찬가지죠.

그러기 위해서는 속담을 배울 때는 반드시 비유에 대해 생각해야 해요. 그래야 비유를 이해하는 힘이 커지고 공부하는 힘도 커진답니다. 단순히 웃긴 만화로 속담을 접하면 이런 힘이 잘 길러지지 않아요. 이것이 바로 이 책을 통해 속담을 공부해야 하는 이유랍니다. 이 책을 통해 속담을 제대로 공부해 보세요. 옛사람들의 지혜를 익히고 자신의 생각을 멋지게 표현할 수 있게 돼요. 또 우리 문화와 세계 여러 나라의 문화도 알게 되죠. 그 과정에서 비유를 이해하는 힘이 커지면서 성적도 쑥쑥 오를 겁니다.

자, 그럼 이제 문해력 속담왕이 되기 위한 여행을 떠나볼까요? 출발!!

여러분의 문해력을 쑥쑥 키워 줄
콩나물쌤으로부터

이 책의 활용법

첫 번째 페이지

오늘 배울 속담과 이를 재미있게 표현한 만화가 있어요. 만화는 속담을 최대한 있는 그대로 표현했어요. 무슨 말인지 이해하기 어려운 속담도 만화를 보고 나면 한 번에 이해될 거예요. 다음 단계를 따라가며 학습해 보세요.

1단계 | 재미있게 만화 보기

처음에는 그냥 가벼운 마음으로 만화를 즐겨보세요. 귀여운 그림체, 우스꽝스러운 상황과 대사 덕분에 신나게 웃을 수 있을 거예요.

2단계 | 소리 내어 속담 읽어 보기

만화를 다 보았다면 만화 위에 있는 속담을 읽어보세요. 3번 정도 소리 내어 읽어 보면 더 잘 기억할 수 있을 거예요.

3단계 | 속담이 뜻하는 상황 생각하기

속담은 어떤 상황을 표현하고 있을까요? 만화와 연결해서 생각해 보세요.

두 번째 페이지

속담에는 크게 두 가지 뜻이 있어요. 하나는 겉에서 그대로 보이는 뜻이고 다른 하나는 숨어 있는 진짜 뜻이에요. 어휘력 꽉 잡아에서는 겉으로 드러난 뜻을 살펴보고 추론력 꽉 잡아에서는 숨은 뜻을 살펴봅니다. 다음 단계를 따라가며 학습해 보세요.

어휘력 꽉 잡아

1단계 | 단어 뜻 이해하기

속담에 사용된 단어의 뜻을 살펴봅시다. 그림을 보고 단어와 단어에 담긴 뜻을 소리 내어 읽어 보세요.

2단계 | 속담의 보이는 뜻 생각하기

단어의 뜻을 연결하여 속담의 보이는 뜻을 살펴봅시다. 읽고 무슨 뜻인지 말하면서 설명해 보세요.

추론력 꽉 잡아

1단계 | 단어 속에 숨은 뜻 이해하기

속담 속 단어에는 원래 뜻 이외에도 이 속담에서만 가지는 숨은 뜻이 있어요. 예를 들어 올챙이의 원래 뜻은 개구리의 어린 시절이지만 이 속담에서는 형편이 어렵던 시절을 뜻하죠. 이런 식으로 단어의 숨은 뜻이 무엇인지 그림과 함께 살펴보세요.

2단계 | 속담 속에 숨은 뜻 생각하기

단어가 원래 뜻이 아닌 새로운 뜻으로 쓰였다면 속담도 다른 뜻을 가지겠죠? 단어의 숨은 뜻을 연결하여 속담 속에 숨은 뜻을 생각해 보세요.

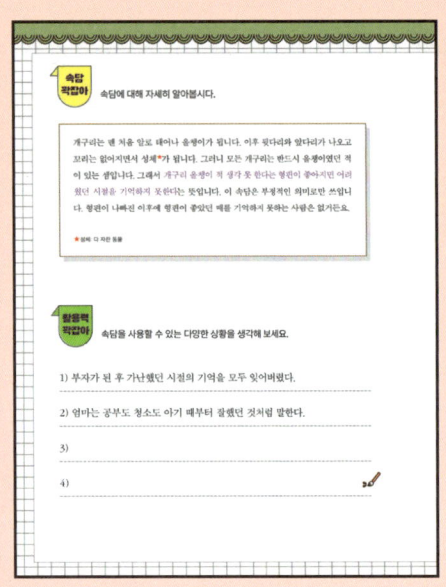

세 번째 페이지

속담 꽉 잡아에서는 속담에 대해 자세히 알아봅니다. 속담에 숨은 뜻이 여러분의 생각과 같은지 확인해 보세요. 활용력 꽉 잡아에서는 속담을 사용할 수 있는 다양한 상황에 대해 생각해 봅니다. 다음 단계를 따라가며 학습해 보세요.

속담 꽉 잡아

1단계 | 읽기
속담에 대해 자세히 설명한 글이 있습니다. 차분히 읽어 보세요.

2단계 | 설명하기
방금 읽은 내용이 어떤 내용이었는지 책을 보면서 설명해 보세요.

3단계 | 안 보고 설명하기
정말 잘 읽고 잘 이해했다는 자신감이 있나요? 그렇다면 책을 덮은 후 읽은 내용을 설명해 보세요. 혹시 어렵다면 잠깐 펼쳐서 본 후 다시 덮고 설명하면 됩니다.

활용력 꽉 잡아

1단계 | 읽기

속담을 사용할 수 있는 상황 두 가지를 읽어봅니다. 왜 이 상황에서 오늘 배운 속담을 사용할 수 있는지 생각해 보세요.

2단계 | 새로운 상황 쓰기

오늘 배운 속담을 사용할 수 있는 상황 두 가지를 써보세요. 여러분이 직접 겪은 일도 좋고 상상한 일도 좋아요. 다른 사람이 겪은 일이나 다른 사람이라고 생각하고 써도 좋아요.

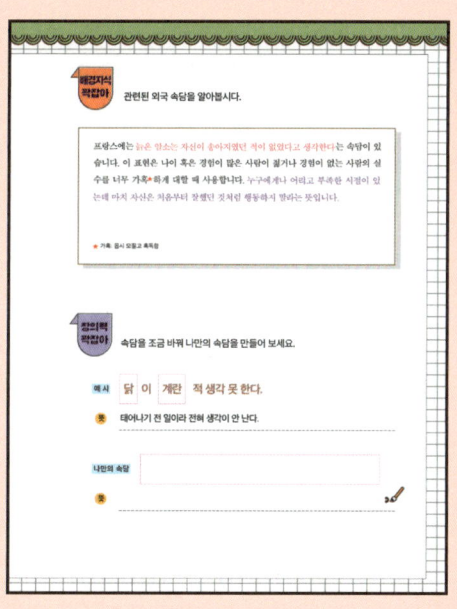

네 번째 페이지

배경지식 꽉 잡아에서는 오늘 배운 속담과 관련된 외국 속담을 알아봅니다. 배경지식도 쌓고 다양한 관점도 배우게 될 거예요. 창의력 꽉 잡아에서는 오늘의 속담을 살짝 바꾸어 여러분만의 속담을 만들어 보세요. 속담을 더 자세히 들여다보고 새로운 각도로 바라볼 수 있게 될 거예요.

배경지식 꽉 잡아

1단계 | 읽기

오늘 배운 속담과 관련된 외국 속담과 이에 대한 자세한 설명문이 있어요. 제시된 글을 차분히 읽어 보세요.

2단계 | 비교하기

우리 속담과 외국 속담을 서로 비교해 보세요. 어떤 점이 같고 어떤 점이 다른가요? 유사한 상황을 서로 어떻게 받아들이고 있는지 살펴보면 더욱 재미있습니다.

창의력 꽉 잡아

1단계 | 읽기

오늘의 속담을 살짝 바꿔 만든 새로운 속담을 읽어 보세요. 어디를 어떻게 바꾸었는지 그래서 어떤 뜻이 되었는지 살펴보세요.

2단계 | 나만의 속담 쓰기

오늘의 속담 중 일부를 바꾸어 나만의 속담을 써보세요. 원래 속담을 찾아볼 수 없을 정도로 전체를 다 바꾸면 안돼요. 일부는 남겨 놓고 일부만 바꾸도록 하세요. 예를 들어 개구리 올챙이 적 생각 못 한다에서는 '적 생각 못 한다'는 남겨 놓고 개구리와 올챙이만 다른 걸로 바꿀 수 있어요. 반대로 개구리와 올챙이만 남겨놓고 '적 생각 못한다'를 다른 것으로 바꿀 수도 있어요.

차례

추천사 4
프롤로그 비유를 이해해야 문해력 속담왕! 6
이 책의 활용법 10

1주 차

가는 날이 장날 20
공든 탑이 무너지랴 24
공짜라면 양잿물도 마신다 28
구더기 무서워 장 못 담글까 32
금강산도 식후경 36
1주 차 복습 40

2주 차

꿈보다 해몽 46
달면 삼키고 쓰면 뱉는다 50
되로 주고 말로 받는다 54
땅 짚고 헤엄치기 58
떡 본 김에 제사 지낸다 62
2주 차 복습 66

3주 차

말 한마디에 천 냥 빚을 갚는다 72
밑 빠진 독에 물 붓기 76
부뚜막의 소금도 집어넣어야 짜다 80
세 살 버릇 여든까지 간다 84
소 귀에 경 읽기 88
3주 차 복습 92

4주 차

소문 난 잔치에 먹을 것 없다 98
시작이 반이다 102
아는 것이 힘이다 106
아닌 밤중에 홍두깨 110
어느 장단에 춤추랴 114
4주 차 복습 118

5주 차

어물전 망신은 꼴뚜기가 시킨다 124
엎친 데 덮친 격 128
이미 엎질러진 물 132
자다가 봉창 두드린다 136
얌전한 고양이 부뚜막에 먼저 올라간다 140
5주 차 복습 144

6주 차

짚신도 짝이 있다 150
천 리 길도 한 걸음부터 154
콩으로 메주를 쑨다 해도 곧이듣지 않는다 158
핑계 없는 무덤 없다 162
호미로 막을 것을 가래로 막는다 166
6주 차 복습 170

정답 174

1주차

가는 날이 장날

 속담에서 보이는 뜻을 생각해 보세요.

가는 날은 어딘가로 가는 날을 말합니다.

장날은 시장이 열리는 날을 말합니다.

 보이는 뜻] '어딘가로 가는 날이 시장이 열리는 날이다'입니다.

 속담 속에 숨은 뜻을 생각해 보세요.

가는 날은 무언가를 할 때를 뜻합니다.

장날은 뜻하지 않은 어떤 일이 일어남을 뜻합니다.

 숨은 뜻   입니다.

 속담에 대해 자세히 알아봅시다.

가는 날이 장날은 무슨 일을 하는데 공교롭게 다른 일이 생길 때 사용합니다. 예를 들어 가족 여행을 갔는데 마침 축제가 있어 더 재미있게 놀았다거나, 혹은 생일 파티에 갔는데 배탈이 나서 아무것도 못 먹을 때처럼요. 장날은 원래 '장례식★을 치르는 날'이라는 뜻이었는데 지금은 '시장이 열리는 날'로 의미가 바뀌었다고 합니다. 그래서 부정적, 긍정적 상황에 모두 쓸 수 있어요.

★ 장례식: 사람이 죽었을 때 치르는 의식

 속담을 사용할 수 있는 다양한 상황을 생각해 보세요.

1. 배가 고팠는데 마침 푸짐하게 식사가 준비되었을 때
----

2. 오랜만에 도서관에 갔는데 문을 닫았을 때

3.

4.

 관련된 외국 속담을 알아봅시다.

일본 속담 중에 강을 건너려는 찰나★의 배라는 표현이 있습니다. 강을 건너려면 배가 꼭 필요합니다. 그런데 그 순간에 배가 생긴다면 정말 큰 행운이겠지요. 이 속담은 어떤 일을 할 때 딱 맞게 꼭 필요한 무언가가 생겼다는 의미로 행운이 있을 때 사용하는 표현입니다. 가는 날이 장날은 좋을 때와 나쁠 때 모두 쓰지만, 이 속담은 주로 좋을 때만 사용합니다.

★ 찰나: 어떤 일이 일어나는 바로 그때

 속담을 조금 바꿔 나만의 속담을 만들어 보세요.

예시 가는 날이 장마

뜻 날짜를 잘못 잡아 고생이다.

나만의 속담

뜻

공든 탑이 무너지랴

 속담에서 보이는 뜻을 생각해 보세요.

공든 탑은 노력을 기울여 만든 탑을 말합니다.

무너지랴는 서 있던 것이 내려앉겠느냐는 뜻입니다.

보이는 뜻: '노력을 기울여 만든 탑이 쉽게 내려앉겠느냐'입니다.

 속담 속에 숨은 뜻을 생각해 보세요.

공든 탑은 정성을 다한 일을 뜻합니다.

무너지랴는 헛되지 않는다는 의미입니다.

숨은 뜻: _____ 입니다.

 속담에 대해 자세히 알아봅시다.

오래된 사찰에는 경주의 다보탑과 같은 탑이 있는 경우가 많습니다. 탑은 여러 층으로 높이 쌓아 올리기 때문에 제대로 만들지 않으면 쉽게 무너질 수 있습니다. 반면 정성을 들여 쌓으면 돌의 무게가 서로 맞물려 매우 단단하지요. 그래서 공든 탑이 무너지랴는 정성을 다한 일은 헛되이★ 되지 않는다는 뜻입니다.

★ 헛되이: 아무 보람이나 실속이 없이

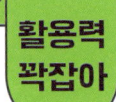 속담을 사용할 수 있는 다양한 상황을 생각해 보세요.

1. 열심히 시험 공부를 한 친구에게
-----
2. 중요한 시합을 앞둔 운동 선수에게

3.

4.

 관련된 외국 속담을 알아봅시다.

로마는 하루 아침에 이루어지지 않는다는 프랑스 속담으로, 큰 성과를 이루기 위해서는 시간과 노력이 필요하다는 뜻입니다. 로마는 지금의 이탈리아 수도★로 옛날에 아주 크고 강한 나라였습니다. 이런 큰 결과는 쉽게 얻어지지 않습니다. 그래서 꿈을 이루기 위해서는, 매일 꾸준히 노력하는 자세가 필요해요.

★ 수도: 한 나라의 중심이 되는 가장 중요한 도시

 속담을 조금 바꿔 나만의 속담을 만들어 보세요.

예시 공든 김밥 이 풀리랴.

뜻 정성껏 만든 것은 쉽게 망가지지 않는다.

나만의 속담

뜻

공짜라면 양잿물도 마신다

 속담에서 보이는 뜻을 생각해 보세요.

공짜는 돈을 내지 않고 거저 얻는 것입니다.

양잿물은 빨래에 사용되는 독한 비눗물을 뜻합니다.

 보이는 뜻

'**공짜라면** 독한 비눗물도 마신다'입니다.

 속담 속에 숨은 뜻을 생각해 보세요.

공짜라면은
거저 얻는 거라면이라는 뜻입니다.

양잿물도 마신다는 무조건 욕심부터
내고 본다는 뜻입니다.

 숨은 뜻

입니다.

 속담에 대해 자세히 알아봅시다.

공짜라면 양잿물도 마신다는 공짜라면 무조건 욕심부터 내고 본다는 뜻입니다. 양잿물은 서양에서 들어온 잿물이라는 뜻으로 옛날에 빨래를 할 때 쓰던 매우 강한 세척제★의 원료예요. 피부에 닿기만 해도 해로워서 자칫 이를 마실 경우 심하면 사망할 수도 있는 위험한 물질이죠. 공짜라고 해서 무조건 욕심내어서는 안 되겠습니다.

★ 세척제: 물에 풀어 때를 빼는 데 사용하는 물질

 속담을 사용할 수 있는 다양한 상황을 생각해 보세요.

1. 유통기한이 지난 음식을 덥석 얻어먹을 때
---

2. 공짜 선물에 눈이 멀어 개인 정보를 함부로 입력할 때

3.

4.

 관련된 외국 속담을 알아봅시다.

독일에는 선물로 받은 말의 이빨은 들여다보지 않는다는 속담이 있습니다. 말이나 소 같은 가축의 건강 상태는 이빨을 보면 어느 정도 알 수 있습니다. 그런데 선물로 받은 말의 이빨을 보고 이러쿵저러쿵★ 불평한다면 어떨까요? 다시는 선물을 주고 싶지 않겠죠? 그래서 이 속담은 선물로 받은 것은 흠을 잡지 말라는 의미입니다. 선물은 거저 얻는 것인 만큼 따지지 말고 감사히 받도록 하세요.

★ 이러쿵저러쿵: 이러하다는 둥 저러하다는 둥 말을 늘어놓는 모양

 속담을 조금 바꿔 나만의 속담을 만들어 보세요.

예시 목마르면 양잿물도 마신다.

뜻 어쩔 수 없어서 나쁜 선택을 해야 할 때도 있다.

나만의 속담

뜻

구더기 무서워 장 못 담글까

 속담에서 보이는 뜻을 생각해 보세요.

구더기는 파리의 애벌레입니다.

장 못 담글까는 장을 못 만들까라는 뜻입니다.

 보이는 뜻 : '파리 애벌레가 무서워 장을 못 만들까'입니다.

 속담 속에 숨은 뜻을 생각해 보세요.

구더기는 방해되는 일을 뜻합니다.

장 못 담글까는 할 일을 포기해선 안 된다는 뜻입니다.

 숨은 뜻 : ＿＿＿＿＿＿＿＿＿＿＿＿＿＿＿ 입니다.

 **속담 꽉잡아** 속담에 대해 자세히 알아봅시다.

구더기가 생기면 악취★가 나고 상해서 된장을 못 먹게 됩니다. 만약 모르고 먹는다면 배탈이 날 수도 있죠. 하지만 구더기가 무섭다고 된장을 담그지 않을 수는 없습니다. 그러면 아예 된장을 먹을 수 없으니까요. 그래서 구더기 무서워 장 못 담글까는 방해되는 일이 두려워 할 일을 미리 포기해선 안 된다는 의미입니다.

★ 악취: 나쁜 냄새

 **활용력 꽉잡아** 속담을 사용할 수 있는 다양한 상황을 생각해 보세요.

1. 친구들이 웃을까 봐 발표를 못하는 친구에게
----

2. 시험을 못 볼까 봐 미리 포기하려는 친구에게

3.

4.

 관련된 외국 속담을 알아봅시다.

미얀마에는 지네는 다리 하나를 다쳐도 문제가 없다는 속담이 있습니다. 지네의 영어 이름은 Centipede로, 100개의 발이라는 뜻입니다. 실제 지네의 발은 종★마다 다르지만 30개에서 400개까지 다양하죠. 이렇게 많은 발이 있는데 하나를 다친다고 문제가 생길까요? 그래서 이 속담은 충분히 준비하면 작은 문제를 이겨낼 수 있다는 뜻입니다.

★ 종: 서로 닮고 아기를 낳을 수 있는 같은 부류의 생물

 속담을 조금 바꿔 나만의 속담을 만들어 보세요.

예시   설거지   무서워   밥 안 먹을까?

뜻   아무리 귀찮아도 배고프면 하게 된다.

나만의 속담

뜻

금강산도 식후경

 속담에서 보이는 뜻을 생각해 보세요.

금강산은 강원도 북부에 있는 명산입니다.

식후경은 식사 후에 구경한다는 뜻입니다.

 보이는 뜻

'**금강산도** 식사 후에 구경한다'입니다.

 속담 속에 숨은 뜻을 생각해 보세요.

금강산은 아주 좋은 것을 뜻합니다.

식후경은 배가 채워져야 즐길 수 있다는 뜻입니다.

 숨은 뜻

입니다.

 속담에 대해 자세히 알아봅시다.

금강산은 우리 강산★ 중 가장 아름답기로 이름난 산입니다. 지금은 북한에 위치해 자유롭게 찾아갈 수 없지요. 이런 금강산을 갈 수 있는데 다만 하루를 굶어야 한다면 어떨까요? 매우 배고픈 상황에서 금강산의 경치를 즐길 수 있을까요? 아마 없을 겁니다. 그래서 금강산도 식후경은 아무리 좋은 것도 배를 채워야 즐길 수 있다는 뜻입니다.

★ 강산: 강과 산이라는 뜻으로, 자연 경치를 이르는 말

속담을 사용할 수 있는 다양한 상황을 생각해 보세요.

1. 놀이공원에서 배가 너무 고파 더 이상 놀 수 없을 때

2. 친구들과 축구를 하려고 하는데 배가 많이 고플 때

3.

4.

 관련된 외국 속담을 알아봅시다.

브라질에는 배고픈 사람은 서두르게 된다는 속담이 있습니다. 이는 중요한 문제에 처한★ 사람은 빨리 해결하고 싶어 한다는 의미예요. 큰 문제가 생기면 마음이 편하지 않습니다. 그래서 얼른 문제를 해결해 편안한 마음으로 있고 싶은 거죠. 배고픔뿐 아니라 다른 모든 종류의 어려움에도 사용할 수 있어요.

★ 처하다: 어떤 형편이나 처지에 놓이다

 속담을 조금 바꿔 나만의 속담을 만들어 보세요.

예시 금강산도 화장실 후

뜻 용변이 급하면 아무것도 할 수 없다.

나만의 속담

뜻

1주 차 복습

1. 다음 빈칸에 들어갈 말을 보기에서 찾아 써 보세요.

보기 　　　　양잿물, 금강산, 장날, 탑, 구더기

1) 가는 날이 ☐

2) 공든 ☐ 이 무너지랴

3) 공짜라면 ☐ 도 마신다

4) ☐ 무서워 장 못 담글까

5) ☐ 도 식후경

2. 다음 뜻을 가진 단어를 보기에서 찾아 써 보세요.

> **보기**   헛되이, 악취, 처하다, 세척제, 수도, 찰나, 장례식

1) 사람이 죽었을 때 치르는 의식 ➡

2) 어떤 일이 일어나는 바로 그때 ➡

3) 아무 보람이나 실속이 없이 ➡

4) 한 나라의 중심이 되는 가장 중요한 도시 ➡

5) 물에 풀어 때를 빼는 데 사용하는 물질 ➡

6) 나쁜 냄새 ➡

7) 어떤 형편이나 처지에 놓이다 ➡

3. 다음 속담을 보고 그 뜻으로 알맞은 것을 골라 선으로 연결하세요.

가는 날이 장날	정성을 다한 일은 헛되이 되지 않는다
공든 탑이 무너지랴	아무리 좋은 것도 배를 채워야 즐길 수 있다
공짜라면 양잿물도 마신다	방해되는 일이 두려워 할 일을 미리 포기해선 안 된다
구더기 무서워 장 못 담글까	무슨 일을 하는데 공교롭게 다른 일이 생길 때
금강산도 식후경	공짜라면 무조건 욕심부터 내고 본다

4. 다음 속담과 그 뜻을 읽고 이에 대한 여러분의 생각을 글로 써 보세요.

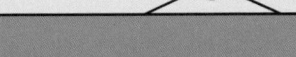

공든 탑이 무너지랴

정성을 다한 일은 헛되이 되지 않는다

2주차

꿈보다 해몽

 속담에서 보이는 뜻을 생각해 보세요.

꿈은 잠자는 동안에 마음에서 보고 듣는 것입니다.

해몽은 꿈의 좋고 나쁨을 판단하는 것입니다.

 '꿈보다는 꿈의 좋고 나쁨을 판단하는 게 중요하다'입니다.

 속담 속에 숨은 뜻을 생각해 보세요.

꿈은 일어난 일을 뜻합니다.

해몽은 그 일을 받아들이는 태도를 뜻합니다.

 　　　　　　　　　　　　　　　　입니다.

 속담에 대해 자세히 알아봅시다.

우리는 자면서 많은 꿈을 꿉니다. 어떨 때는 좋은 꿈을, 어떨 때는 나쁜 꿈을 꾸죠. 하지만 꿈의 의미는 정해져 있지 않습니다. 좋게 해석★하면 좋은 꿈이 되고 나쁘게 해석하면 나쁜 꿈이 되는 겁니다. 이처럼 꿈보다 해몽은 일어난 일보다 그 일을 받아들이는 태도가 중요하다는 의미입니다. 여러분에게 일어난 일을 좋게 해석해 보길 바랍니다.

★ 해석: 무언가를 판단하고 이해하는 일

 속담을 사용할 수 있는 다양한 상황을 생각해 보세요.

1. 시험에서 답을 틀렸지만 덕분에 잘 알게 되었다고 격려하면서
---

2. 경기에서 졌지만 덕분에 우리 팀 약점을 알게 되었을 때

3.

4.

 관련된 외국 속담을 알아봅시다.

이집트에는 꿈만 꾼다고 빵이 생기진 않는다는 속담이 있습니다. 이는 행동하지 않고 공상★만으로 얻을 수 있는 것은 없다는 뜻입니다. 사람은 누구나 원하는 것이 있습니다. 하지만 어떤 사람은 원하기만 하고 노력하지 않습니다. 원하는 것은 생각만 해서는 얻을 수 없으므로 얻고자 하는 것이 있으면 노력해야 합니다.

★ 공상: 현실적이지 못한 것을 막연히 그려 봄

 속담을 조금 바꿔 나만의 속담을 만들어 보세요.

예시   밥 보다 반찬

뜻   밥의 종류보다는 반찬의 종류가 더 중요하다.

나만의 속담

뜻

달면 삼키고 쓰면 뱉는다

 속담에서 보이는 뜻을 생각해 보세요.

삼키고는 입에 넣어 목구멍으로 넘기고란 뜻입니다.

뱉는다는 입 밖으로 내보낸다는 뜻입니다.

 보이는 뜻
'달면 목구멍으로 넘기고 쓰면 입 밖으로 내보낸다'입니다.

 속담 속에 숨은 뜻을 생각해 보세요.

달면 삼키고는 마음에 들면 받아들이고입니다.

쓰면 뱉는다는 마음에 안 들면 거부한다입니다.

 숨은 뜻
입니다.

 속담에 대해 자세히 알아봅시다.

사람은 대부분 단 걸 좋아하고 쓴 걸 싫어합니다. 그래서 달면 삼키고 쓰면 뱉게 되죠. 맛뿐만 아니라 무엇이든 간에 마음에 들면 받아들이고 안 들면 거부하기 쉬운 것이 인간입니다. 하지만 이런 태도는 문제가 될 수 있어요. 달콤한 것이 미끼★일 수 있고 쓴 것이 진짜 도움이 될 수 있기 때문입니다. 그것이 정말로 좋은지 나쁜지 깊이 생각해 보기 바랍니다.

★ 미끼: 사람이나 동물을 꾀어내기 위한 수단

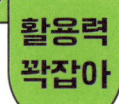 속담을 사용할 수 있는 다양한 상황을 생각해 보세요.

1. 평소 친한 척하다가 상황이 안 좋아지니 모른 척할 때
----

2. 필요할 때만 나를 찾고 평소에는 바쁘다고 할 때

3.

4.

 관련된 외국 속담을 알아봅시다.

튀르키예에는 친구는 어두운 날에 알 수 있다는 속담이 있습니다. 이는 상황이 안 좋아지면 가짜 친구는 나를 떠난다는 의미입니다. 나의 돈이나 능력을 보고 함께 하는 친구는 가짜 친구입니다. 이들은 이익★이 없어지면 나에게서 멀어지게 됩니다. 이익과 상관없이 함께하는 친구만이 진짜 친구입니다.

★ 이익: 물질적으로나 정신적으로 보탬이 되는 것

 속담을 조금 바꿔 나만의 속담을 만들어 보세요.

예시 달면 삼키고 쓰면 초콜릿을 바른다.

뜻 안 좋다고 버리지 말고 사용할 방법을 생각해 보자.

나만의 속담

뜻

되로 주고 말로 받는다

 속담에서 보이는 뜻을 생각해 보세요.

되는 곡식을 담는 1.8리터 크기의 그릇입니다.

말은 곡식을 담는 18리터 크기의 그릇입니다.

 보이는 뜻 : '**1.8리터 그릇으로 주고 18리터 그릇으로 받는다**'입니다.

 속담 속에 숨은 뜻을 생각해 보세요.

되로 주고는 작게 주고라는 뜻입니다.

말로 받는다는 크게 받는다는 뜻입니다.

숨은 뜻 : ＿＿＿＿＿＿＿＿＿＿＿＿＿＿＿＿＿＿＿＿ 입니다.

 속담에 대해 자세히 알아봅시다.

되로 주고 말로 받는다는 속담은 적게 주고 크게 받는다는 뜻입니다. 이 속담은 좋은 상황에서는 잘 사용하지 않고 대부분 나쁜 상황에서만 씁니다. 예를 들어 작은 선행★을 베풀고 큰 보답을 받았을 때는 잘 사용하지 않아요. 대신 작은 잘못을 해서 그 벌을 크게 받을 때 주로 사용합니다.

★ 선행: 착하고 어진 행실

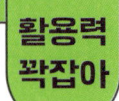 속담을 사용할 수 있는 다양한 상황을 생각해 보세요.

1. 친구의 작은 비밀을 이야기했는데 친구가 나의 중요한 비밀을 말했을 때
----

2. 작은 욕심을 부리다가 큰 손해를 봤을 때

3.

4.

 관련된 외국 속담을 알아봅시다.

독일에는 숲에 외치는 대로 메아리★가 돌아온다는 속담이 있습니다. 이는 자신의 행동은 결국 자신에게 되돌아온다는 의미입니다. 우리가 어떤 행동을 하면 그것은 원인이 됩니다. 그리고 그 원인에 맞는 결과가 생기죠. 이를 인과응보라고 합니다. 여러분은 어떤 원인을 만들고 있나요? 좋은 결과를 낼 수 있는 원인을 만들어 가기 바랍니다.

★ 메아리: 퍼져 나간 소리가 산 등에 부딪혀 되울려 오는 소리

 속담을 조금 바꿔 나만의 속담을 만들어 보세요.

예시   양을   주고   염소   로 받는다.

뜻   서로 필요한 것을 주고받으면 된다.

나만의 속담

뜻

땅 짚고 헤엄치기

 속담에서 보이는 뜻을 생각해 보세요.

짚다는 바닥이나 벽 등에 몸을 의지하다는 뜻입니다.

헤엄은 물속에서 나아가기 위해 팔다리를 젓는 일입니다.

 보이는 뜻

'바닥에 몸을 의지하고 팔다리 젓기'입니다.

 속담 속에 숨은 뜻을 생각해 보세요.

땅 짚고는 아주 쉬운 상황을 뜻합니다.

헤엄치기는 아주 쉬운 일을 뜻합니다.

 숨은 뜻

입니다.

 속담에 대해 자세히 알아봅시다.

수영에서 가장 어려운 부분은 바로 몸을 물에 띄우는 겁니다. 발을 땅에서 뗀 채 가라앉지 않으려면 적지 않은 훈련★이 필요하죠. 반면 물속에서 땅을 짚고 수영하듯 팔을 젓는 것은 누구나 할 수 있는 간단한 일입니다. 그래서 땅 짚고 헤엄치기는 아주 하기 쉬운 일을 뜻합니다.

★ 훈련: 기본자세나 동작 따위를 되풀이하여 익힘

 속담을 사용할 수 있는 다양한 상황을 생각해 보세요.

1. 시험 문제가 너무 쉬울 때
----

2. 게임에서 너무 쉽게 이겼을 때

3.

4.

 관련된 외국 속담을 알아봅시다.

중국에는 손바닥을 뒤집는 것처럼 쉽다는 속담이 있습니다. 이 역시 어떤 일을 하기 아주 쉬울 때 사용합니다. 하지만 아무리 쉬운 일이라 해도 경솔하게★ 행동하면 실수할 수 있습니다. 시험에서 아는 문제라고 방심하고 대충 풀다가 틀리는 일이 없도록 주의하기 바랍니다.

★ 경솔하다: 말이나 행동이 조심성 없이 가볍다

 속담을 조금 바꿔 나만의 속담을 만들어 보세요.

예시 튜브 끼고 수영하기

뜻 아무런 노력 없이 즐길 수 있는 상황

나만의 속담

뜻

떡 본 김에 제사 지낸다

 속담에서 보이는 뜻을 생각해 보세요.

김은 어떤 일의 기회나 계기를 뜻합니다.

제사는 죽은 조상을 기리는 의식입니다.

 보이는 뜻 '떡을 본 것을 계기로 조상을 기리는 의식을 치른다'입니다.

 속담 속에 숨은 뜻을 생각해 보세요.

떡 본 김에는 우연히 생긴 좋은 기회에라는 뜻입니다.

제사 지낸다는 하려던 일을 해치운다는 의미입니다.

 숨은 뜻   입니다.

 속담에 대해 자세히 알아봅시다.

제사에는 떡을 비롯해 많은 음식을 올립니다. 준비할 음식이 워낙 많아 쉬운 일이 아니죠. 그래서 떡 본 김에 제사 지낸다는 우연히 좋은 기회에 하려던 일을 해치운다★는 뜻입니다. 기회를 놓치지 않는 재빠른 행동에 주로 사용하지만 계획 없이 하는 충동적인 행동에도 사용할 수 있습니다.

★ 해치우다: 어떤 일을 빠르고 시원스럽게 끝내다

 속담을 사용할 수 있는 다양한 상황을 생각해 보세요.

1. 집에만 있다가 한 번 외출하는 김에 많은 일을 처리할 때

2. 방 정리를 하다가 갑자기 대청소를 시작할 때

3.

4.

 관련된 외국 속담을 알아봅시다.

나이지리아에는 북이 울릴 때 춤을 춰야 한다는 속담이 있습니다. 이는 기회가 주어졌을 때 잘 활용★해야 한다는 의미입니다. 북소리는 춤을 추기에 좋은 분위기를 만들어 줍니다. 북소리가 끝나면 춤을 추고 싶어도 흥이 나지 않죠. 이렇듯 모든 일에는 적절한 때가 있으니 기회가 왔을 때 놓치지 않아야 합니다.

★ 활용: 충분히 잘 이용함

 속담을 조금 바꿔 나만의 속담을 만들어 보세요.

예시   치킨 본 김에 파티 연다.

뜻 작은 기쁨을 큰 기쁨으로 바꾼다.

나만의 속담

뜻

2주 차 복습

1. 다음 빈칸에 들어갈 말을 보기에서 찾아 써 보세요.

   보기 말, 헤엄, 제사, 삼키고, 해몽

   1) 꿈보다 _____

   2) 달면 _____ 쓰면 뱉는다

   3) 되로 주고 _____ 로 받는다

   4) 땅 짚고 _____ 치기

   5) 떡 본 김에 _____ 지낸다

2. 다음 뜻을 가진 단어를 보기에서 찾아 써 보세요.

> **보기**   이익, 선행, 활용, 해석, 경솔하다, 공상, 미끼

1) 무언가를 판단하고 이해하는 일 ➡

2) 현실적이지 못한 것을 막연히 그려 봄 ➡

3) 사람이나 동물을 꾀어내기 위한 수단 ➡

4) 물질적으로나 정신적으로 보탬이 되는 것 ➡

5) 착하고 어진 행실 ➡

6) 말이나 행동이 조심성 없이 가볍다 ➡

7) 충분히 잘 이용함 ➡

3. 다음 속담을 보고 그 뜻으로 알맞은 것을 골라 선으로 연결하세요.

속담	뜻
꿈보다 해몽	적게 주고 크게 받는다
달면 삼키고 쓰면 뱉는다	아주 하기 쉬운 일
되로 주고 말로 받는다	일어난 일보다 그 일을 받아들이는 태도가 중요하다
땅 짚고 헤엄치기	마음에 들면 받아들이고 안 들면 거부한다
떡 본 김에 제사 지낸다	우연히 좋은 기회에 하려던 일을 해치운다

4. 다음 속담과 그 뜻을 읽고 이에 대한 여러분의 생각을 글로 써 보세요.

달면 삼키고 쓰면 뱉는다
마음에 들면 받아들이고 안 들면 거부한다

3주차

말 한마디에 천 냥 빚을 갚는다

 속담에서 보이는 뜻을 생각해 보세요.

냥은 옛날에 엽전을 세던 단위입니다.

빚을 갚는다는 남에게 빌린 돈을 돌려준다는 뜻입니다.

보이는 뜻: '말 한마디에 빌린 돈 천 냥을 돌려준다'입니다.

 속담 속에 숨은 뜻을 생각해 보세요.

말 한마디에는 말만 잘해도라는 뜻입니다.

천 냥 빚을 갚는다는 큰 어려움을 해결한다는 뜻입니다.

 숨은 뜻: 입니다.

 속담에 대해 자세히 알아봅시다.

말 한마디에 천냥 빚을 갚는다는 말만 잘해도 큰 어려움을 해결할 수 있다는 의미입니다. 말은 사람 사이에 관계를 형성하고 문제를 해결하는 중요한 역할을 합니다. 예의 바르고 따뜻한 말은 상대의 마음을 움직여 갈등★을 해결할 수 있습니다. 반대로 부주의한 말은 오해를 만들어 갈등을 키울 수도 있습니다. 따뜻하고 힘이 되는 말을 하도록 노력해 보세요.

★ 갈등: 의견이나 이해관계가 서로 달라 생기는 충돌

 속담을 사용할 수 있는 다양한 상황을 생각해 보세요.

1. 친구의 물건을 망가뜨렸지만 진심어린 사과로 해결했을 때
----
2. 화난 엄마의 마음을 애교로 풀어 줄 때

3.

4.

 관련된 외국 속담을 알아봅시다.

중국에는 병은 입으로 들어가고 화는 입에서 나온다는 속담이 있습니다. 이는 병은 음식을 잘못 먹어 생기고 나쁜 일은 말을 잘못해서 생긴다는 의미입니다. 사람이 화를 입는★ 것은 대부분 말 때문입니다. 그러니 다른 사람의 마음과 감정을 상하게 하는 말을 주의해야 합니다. 내가 하는 말이 어떤 영향을 끼치는지 생각한 후에 말하도록 합시다.

★ 화를 입다: 예상치 못한 불행을 당하다

 속담을 조금 바꿔 나만의 속담을 만들어 보세요.

예시 이천 냥 으로 천 냥 빚을 갚는다.

뜻 돈을 빌리면 나중에 더 큰 돈으로 갚아야 한다.

나만의 속담

뜻

밑 빠진 독에 물 붓기

 속담에서 보이는 뜻을 생각해 보세요.

밑 빠진은 바닥이 깨진 상태를 뜻합니다.

독은 간장 따위를 담가 두는 큰 질그릇입니다.

 '바닥이 깨진 큰 질그릇에 물 붓기'입니다.

 속담 속에 숨은 뜻을 생각해 보세요.

밑 빠진 독은 성공하기 힘든 상황을 뜻합니다.

물 붓기는 노력을 뜻합니다.

 입니다.

77

 **속담 꽉잡아** 속담에 대해 자세히 알아봅시다.

독의 바닥이 깨져 있다면 아무리 물을 부어도 결코 채울 수 없습니다. 계속 새어 나갈 것이기 때문입니다. 그래서 밑 빠진 독에 물 붓기는 노력해도 성공하기 힘든 상황을 뜻합니다. 아무리 노력한다 해도 모든 일에 성공할 수는 없습니다. 그러니 노력했을 때 좋은 결과를 얻을만한 가치★ 있는 일인지를 우선 판단해야 합니다.

★ 가치: 어떤 대상이 지닌 쓸모와 중요성

 **활용력 꽉잡아** 속담을 사용할 수 있는 다양한 상황을 생각해 보세요.

1. 비싼 학원비를 들여도 학원에서 공부를 안 할 때
---
2. 돈을 아무리 많이 벌어도 쓰는 돈이 더 많을 때

3.

4.

 관련된 외국 속담을 알아봅시다.

쿠웨이트에는 모래 위에 물 붓기라는 속담이 있습니다. 모래는 물을 담아 두지 못합니다. 물을 부으면 모두 밑으로 흘려보내 버리죠. 그래서 이 속담 역시 아무리 애를 써도 보람이 없는 힘든 상황을 뜻합니다. 사막★이 있는 나라답게 결과를 얻기 힘든 상황을 우리와 달리 모래로 설명하고 있습니다.

★ 사막: 강수량이 적고 식물이 거의 자라지 않는 건조한 지역

 속담을 조금 바꿔 나만의 속담을 만들어 보세요.

예시 바닷물 에 소금 붓기

뜻 아무리 노력해도 티가 나지 않을 때

나만의 속담

뜻

부뚜막의 소금도 집어넣어야 짜다

 속담에서 보이는 뜻을 생각해 보세요.

부뚜막은 한옥에서 아궁이 위에 놓인 조리 공간입니다.

소금은 짠맛으로 음식의 간을 맞추는 조미료입니다.

 보이는 뜻

'부뚜막에 놓여 있는 소금도 음식에 넣어야 짠맛을 낸다'는 뜻입니다.

 속담 속에 숨은 뜻을 생각해 보세요.

부뚜막의 소금은 좋은 조건이나 손쉬운 상황을 뜻합니다.

집어넣어야 짜다는 실제로 행동해야 의미가 있다는 뜻입니다.

 숨은 뜻

입니다.

 속담에 대해 자세히 알아봅시다.

소금은 분명 짠맛입니다. 하지만 아무리 소금이 많아도 실제로 음식에 넣지 않으면 짠맛이 나지 않습니다. 그래서 부뚜막의 소금도 집어넣어야 짜다는 아무리 좋은 조건이나 손쉬운 상황이라도 실제로 행동해야 의미가 있다는 의미입니다. 유리한 환경과 조건도 활용하지 않으면 무의미★합니다. 자신이 가진 것을 잘 이용하도록 하세요.

★ 무의미: 아무 값어치나 의의가 없음

 속담을 사용할 수 있는 다양한 상황을 생각해 보세요.

1. 책은 많이 사 놓고 읽지 않을 때
---
2. 운동 기구를 사 놓고는 운동하지 않을 때

3.

4.

 관련된 외국 속담을 알아봅시다.

호주에는 말을 물가로 데려갈 수는 있어도 물을 마시게 할 수는 없다는 속담이 있습니다. 이는 기회를 제공할 수는 있어도 스스로 행동하지 않으면 소용이 없다는 의미입니다. 부모님은 우리를 위해 수많은 기회를 제공★하십니다. 하지만 여러분이 활용하지 않으면 소용이 없지요. 부모님께 받은 기회를 놓치지 마세요.

★ 제공: 무엇을 내주거나 갖다 바침

 속담을 조금 바꿔 나만의 속담을 만들어 보세요.

예시 | 책상 위의 교과서 | 도 | 읽어야 똑똑해진다.

뜻 책만 쌓아 두고 공부하지 않으면 아무 소용없다.

나만의 속담 [   ]

뜻

세 살 버릇 여든까지 간다

 속담에서 보이는 뜻을 생각해 보세요.

버릇은 오랫동안 반복하여 몸에 익어 버린 행동입니다.

여든은 80살을 뜻합니다.

 '세 살 때 몸에 익은 행동이 80살까지 간다'입니다.

 속담 속에 숨은 뜻을 생각해 보세요.

세 살 버릇은 어릴 때 형성된 습관을 뜻합니다.

여든까지 간다는 쉽게 고쳐지지 않는다는 뜻입니다.

숨은 뜻   입니다.

 속담에 대해 자세히 알아봅시다.

세 살 버릇 여든까지 간다는 어릴 때 형성된 습관은 쉽게 고쳐지지 않는다는 의미입니다. 많은 친구들이 나중에 고치겠다며 나쁜 버릇을 고치지 않으려고 합니다. 하지만 습관은 오래 가질수록 점점 더 고치기 어려워집니다. 나쁜 버릇은 최대한★ 빨리 고치도록 합시다.

★ 최대한: 일정한 조건에서 가능한 한 가장 많이

 속담을 사용할 수 있는 다양한 상황을 생각해 보세요.

1. 다리를 꼬는 나쁜 자세를 가진 친구에게
----

2. 정리 정돈을 하지 않으려는 언니에게

3.

4.

 관련된 외국 속담을 알아봅시다.

참새는 백 살까지 춤추는 걸 잊지 않는다는 일본 속담 역시 어릴 때 익힌 습관은 평생 유지된다는 의미입니다. 실제로 참새는 평균 3~5년 정도밖에 살지 못합니다. 그러니 속담에서 말하는 '백 살'은 '절대로'라는 강조★의 의미겠죠. 그리고 '춤'은 참새가 짧은 다리로 폴짝폴짝 뛰어다니는 모습을 의미합니다.

★ 강조: 어떤 부분을 특별히 강하게 주장하거나 두드러지게 함

 속담을 조금 바꿔 나만의 속담을 만들어 보세요.

예시 세 살 　변명　 여든까지 간다.

뜻 변명을 자꾸 하는 사람은 나이가 들어서도 변명만 한다.

나만의 속담

뜻

소 귀에 경 읽기

 속담에서 보이는 뜻을 생각해 보세요.

귀는 머리 양옆에서 소리를 듣는 기관입니다.

경은 가르침과 지혜를 담은 경전입니다.

 보이는 뜻 : '소의 귀에 가르침을 담은 경전 읽기'입니다.

 속담 속에 숨은 뜻을 생각해 보세요.

소 귀에는 알아듣지 못하는 대상에게라는 의미입니다.

경 읽기는 아무리 열심히 가르쳐도 소용없다는 뜻입니다.

 숨은 뜻 : 　　　　　　　　　　　　　　　입니다.

 속담에 대해 자세히 알아봅시다.

경이란 불교, 유교, 도교 등에서 중요한 가르침을 담은 책을 뜻합니다. 삶에 지침★이 되는 좋은 내용이 많지만 소에게 읽어 준다면 어떨까요? 소가 알아들을 수 있을까요? 그래서 소 귀에 경 읽기는 아무리 열심히 가르쳐도 알아듣지 못한다는 의미입니다. 관심이 없어서 듣지 않거나 너무 어리석어 알아듣지 못할 때 사용할 수 있습니다.

★ 지침: 어떤 행동을 할 때 참고가 되는 말이나 교훈

 속담을 사용할 수 있는 다양한 상황을 생각해 보세요.

1. 학생이 수업을 듣는 둥 마는 둥 할 때
----

2. 열심히 설명을 해 줘도 동생이 알아듣지 못할 때

3.

4.

 관련된 외국 속담을 알아봅시다.

돼지에게 잼 주기라는 프랑스 속담은 이해하지 못하는 사람에게는 가치 있는 것이 소용없다는 뜻입니다. 잼은 누구나 좋아하는 달콤한 음식입니다. 게다가 과일과 설탕을 졸이는★ 수고까지 필요해 귀한 음식입니다. 하지만 돼지는 그것을 알지 못하죠. 노력을 알아주는 사람에게 여러분의 돈과 시간을 쓰길 바랍니다.

★ 졸이다: 국물을 끓여서 양을 줄이고 진하게 만들다

 속담을 조금 바꿔 나만의 속담을 만들어 보세요.

예시 | 내 | 귀에 | 캔디 |

 듣기만 해도 입맛이 돈다.

나만의 속담

3주 차 복습

1. 다음 빈칸에 들어갈 말을 보기에서 찾아 써 보세요.

> **보기**   경, 천 냥, 여든, 부뚜막, 독

1) 말 한마디에 [　　　　] 빚을 갚는다

2) 밑 빠진 [　　　　] 에 물 붓기

3) [　　　　] 의 소금도 집어넣어야 짜다

4) 세 살 버릇 [　　　　] 까지 간다

5) 소 귀에 [　　　　] 읽기

2. 다음 뜻을 가진 단어를 보기에서 찾아 써 보세요.

> **보기**   강조, 가치, 지침, 제공, 갈등, 무의미, 사막

1) 의견이나 이해관계가 서로 달라 생기는 충돌 ➡

2) 어떤 대상이 지닌 쓸모와 중요성 ➡

3) 강수량이 적고 식물이 거의 자라지 않는 건조한 지역 ➡

4) 아무 값어치나 의의가 없음 ➡

5) 무엇을 내주거나 갖다 바침 ➡

6) 어떤 부분을 특별히 강하게 주장하거나 두드러지게 함 ➡

7) 어떤 행동을 할 때 참고가 되는 말이나 교훈 ➡

3. 다음 속담을 보고 그 뜻으로 알맞은 것을 골라 선으로 연결하세요.

속담	뜻
말 한마디에 천 냥 빚을 갚는다	어릴 때 형성된 습관은 쉽게 고쳐지지 않는다
밑 빠진 독에 물 붓기	노력해도 성공하기 힘든 상황
부뚜막의 소금도 집어넣어야 짜다	아무리 열심히 가르쳐도 알아듣지 못한다
세 살 버릇 여든까지 간다	아무리 좋은 조건이나 손쉬운 상황이라도 실제로 행동해야 의미가 있다
소 귀에 경 읽기	말만 잘해도 큰 어려움을 해결할 수 있다

4. 다음 속담과 그 뜻을 읽고 이에 대한 여러분의 생각을 글로 써 보세요.

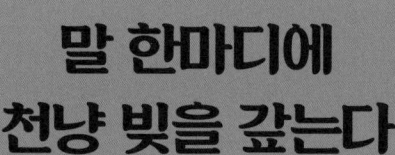

말 한마디에 천냥 빚을 갚는다

말만 잘해도 큰 어려움을 해결할 수 있다

4주차

소문 난 잔치에 먹을 것 없다

 속담에서 보이는 뜻을 생각해 보세요.

소문 난은 여러 사람에게 널리 알려진이라는 뜻입니다.

잔치는 기쁜 일로 음식을 차리고 사람들이 모여 즐기는 일입니다.

 보이는 뜻

'여러 사람에게 널리 알려진 잔치에 먹을 것이 없다'입니다.

 속담 속에 숨은 뜻을 생각해 보세요.

소문 난 잔치는 겉보기에 좋아 보임을 뜻합니다.

먹을 것 없다는 실속이 없다는 뜻입니다.

 숨은 뜻

입니다.

 속담에 대해 자세히 알아봅시다.

소문 난 잔치에 먹을 것 없다는 겉보기에 좋아 보이지만 실속이 없다는 뜻입니다. 모든 것은 겉으로 보이는 모습과 실제 내용이 있습니다. 이 둘은 반드시 일치★하지는 않아 때때로 상당히 다를 때가 있습니다. 따라서 무언가를 고를 때는 단순히 겉모습만 보고 판단하지 말고, 실제로 가치가 있는지도 신중히 살펴봐야 합니다.

★ 일치: 비교되는 대상들이 서로 어긋나지 않고 같거나 들어맞음

 속담을 사용할 수 있는 다양한 상황을 생각해 보세요.

1. 유명한 광고를 보고 물건을 샀지만 실망스러울 때
----

2. 유명 감독이 연출한 영화를 기대하며 봤는데 재미가 없을 때

3.

4.

 관련된 외국 속담을 알아봅시다.

영국에는 반짝이는 모든 것이 금은 아니다라는 속담이 있습니다. 겉으로 보기에 가치 있어 보인다고 반드시 진짜 가치가 있는 것은 아니다라는 의미입니다. 반짝이는 물건은 금뿐만이 아닙니다. 거울, 유리컵, 숟가락도 반짝입니다. 외형★이나 첫인상으로 쉽게 판단하지 말고 그 내면을 깊이 살펴보는 것이 중요합니다.

★ 외형: 사물의 겉모양

 속담을 조금 바꿔 나만의 속담을 만들어 보세요.

예시   소문 난 뷔페 에 먹을 것 없다.

뜻   뷔페는 음식 종류만 많을 뿐 진짜 맛있는 음식은 없다.

나만의 속담

뜻

시작이 반이다

 속담에서 보이는 뜻을 생각해 보세요.

시작은 어떤 일이나 행동의 처음 단계를 뜻합니다.

반은 둘로 똑같이 나눈 것 중 하나를 뜻합니다.

 '어떤 행동의 처음 단계가 절반이다'라는 뜻입니다.

 속담 속에 숨은 뜻을 생각해 보세요.

시작이는 무슨 일이든 시작만 해도라는 뜻입니다.

반이다는 절반은 마친 것과 같다는 뜻입니다.

 입니다.

 속담에 대해 자세히 알아봅시다.

시작이 반이다는 무슨 일이든 시작만 해도 절반은 마친 것과 같다는 뜻입니다. 어떤 일을 할 때 가장 어려운 것이 시작하는 겁니다. 해야 할 일이 부담스럽거나 두려워 망설이게 되기 때문입니다. 하지만 막상★ 시작해 보면 생각보다 어렵지 않은 경우가 많습니다. 두려워만 하지 말고 일단 시작해 보세요.

★ 막상: 어떤 일에 실지로 이르러

 속담을 사용할 수 있는 다양한 상황을 생각해 보세요.

1. 시험 공부를 미루고 미루다가 시작할 용기를 갖기 위해
---

2. 미뤄 둔 집안 일을 시작했는데 금방 끝날 때

3.

4.

 관련된 외국 속담을 알아봅시다.

필리핀에는 출발점을 돌아볼 줄 모르는 사람은 목적지에 도착할 수 없다는 속담이 있습니다. 이는 과거를 잊지 않아야 발전할 수 있다는 의미입니다. 과거를 배우지 않으면 같은 실수를 반복할 수 있고, 가야 할 방향을 제대로 설정★하지 못할 수 있습니다. 항상 여러분이 어떤 사람인지 기억하고 이를 바탕으로 미래를 설계하길 바랍니다.

★ 설정: 새로 만들어 정해 둠

 속담을 조금 바꿔 나만의 속담을 만들어 보세요.

예시 한 젓가락 이 반이다.

뜻 라면은 한 젓가락도 소중하다.

나만의 속담

뜻

아는 것이 힘이다

 속담에서 보이는 뜻을 생각해 보세요.

아는 것은 배운 지식을 뜻합니다.

힘은 어떤 일을 할 수 있는 능력을 뜻합니다.

 보이는 뜻 ‘**지식**을 가지면 **힘이 생긴다**'는 의미입니다.

 속담 속에 숨은 뜻을 생각해 보세요.

아는 것이는 배운 지식이 많으면이라는 뜻입니다.

힘이다는 여러모로 도움이 된다는 의미입니다.

 숨은 뜻   입니다.

 속담에 대해 자세히 알아봅시다.

아는 것이 힘이다는 아는 것이 많으면 여러모로 도움이 된다는 의미입니다. 사람은 살아가면서 많은 선택을 하게 됩니다. 무언가를 선택할 때 아는 것이 많으면 도움이 됩니다. 더 많은 것을 알수록 더 좋은 선택을 할 가능성이 높아지죠. 참고로 이 속담은 영국 철학자 프랜시스 베이컨의 말 "Knowledge is power."에서 유래★했습니다.

★ 유래: 사물이나 일이 생겨남

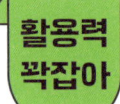 속담을 사용할 수 있는 다양한 상황을 생각해 보세요.

1. 열심히 공부해서 시험에서 100점 받았을 때
----

2. 외국 여행을 가서 유창하게 영어로 말할 때

3.

4.

 관련된 외국 속담을 알아봅시다.

인도네시아에는 배움에는 나이가 없다는 속담이 있습니다. 이는 배움은 나이에 국한★되지 않으며 누구나 언제든지 배울 수 있다는 의미를 담고 있습니다. 어른이 되면 더 이상 배우지 않아도 된다는 건 착각입니다. 빠르게 변화하는 세상에 살아남기 위해서는 이제는 평생 공부해야 한다는 사실을 잊지 마세요.

★ 국한: 범위를 일정한 부분에 한정함

 속담을 조금 바꿔 나만의 속담을 만들어 보세요.

예시   아는 맛집 이 힘이다.

뜻   맛집을 잘 알아야 맛있는 음식을 먹을 수 있다.

나만의 속담

뜻

아닌 밤중에 홍두깨

 속담에서 보이는 뜻을 생각해 보세요.

아닌 밤중에는 뜻하지 않은 밤중에라는 뜻입니다.

홍두깨는 옷감을 두들겨 펴는 둥근 방망이입니다.

 보이는 뜻
'뜻하지 않은 밤중에 옷감을 펴는 둥근 방망이'라는 뜻입니다.

 속담 속에 숨은 뜻을 생각해 보세요.

아닌 밤중에는 뜻하지 않은 상황을 뜻합니다.

홍두깨는 엉뚱하고 갑작스러운 일을 뜻합니다.

 숨은 뜻
입니다.

 속담에 대해 자세히 알아봅시다.

아닌 밤중에 홍두깨는 뜻하지 않은 상황에 벌어지는 엉뚱하고 갑작스러운 일을 뜻합니다. 일어날 것을 예상할 수 있는 일이 있는 반면, 미처 예측★하기 어려운 일도 있습니다. 예측하지 못한 일일수록 놀라움은 더 커지죠. 예측할 수 없는 상황에서 느닷없이 일이 생길 때는, 빠르게 상황을 파악한 후 현명한 판단을 내리는 것이 중요합니다.

★ 예측: 미리 헤아려 짐작함

 속담을 사용할 수 있는 다양한 상황을 생각해 보세요.

1. 오랜만에 만난 친구가 갑자기 돈을 빌려 달라고 할 때
----
2. 집에 가려고 하는데 갑자기 선생님이 남아서 보충 학습을 하라고 할 때

3.

4.

 관련된 외국 속담을 알아봅시다.

몽골에는 낙타가 갑자기 새끼를 낳는다는 속담이 있습니다. 일반적★으로 동물이 새끼를 가지면 배가 불러와 주인이 알아챌 수 있습니다. 하지만 만약 주인이 모르고 있다가 갑자기 새끼를 낳는다면 깜짝 놀랄 것입니다. 이처럼 이 속담은 전혀 예상치 못한 상황에서 갑작스럽게 일이 벌어지는 경우를 뜻합니다.

★ 일반적: 특별한 경우가 아닌 대부분의 상황에서 적용되는 방식

 속담을 조금 바꿔 나만의 속담을 만들어 보세요.

예시 아닌 밤중에 층간 소음

뜻 잘 자고 있는데 층간 소음으로 잠을 깰 때

나만의 속담

뜻

어느 장단에 춤추랴

 속담에서 보이는 뜻을 생각해 보세요.

장단은 춤 따위의 빠르기를 주도하는 박자입니다.

춤추랴는 춤을 출 수 있겠느냐는 의미입니다.

 보이는 뜻
'어느 박자에 맞춰 춤을 출 수 있겠느냐'입니다.

 속담 속에 숨은 뜻을 생각해 보세요.

어느 장단에는 참견하는 사람이 많아라는 뜻입니다.

춤추랴는 어느 것을 따를지 알기 어렵다는 뜻입니다.

 숨은 뜻
입니다.

 속담에 대해 자세히 알아봅시다.

어느 장단에 춤추랴는 참견하는 사람이 많아 어느 것을 따를지 알기 어렵다는 뜻입니다. 어떤 일을 할 때는 명확★한 지침이 필요합니다. 좋은 조언이라고 해도 서로 다른 의견이 많으면 오히려 결정을 내리기 더 어려워지죠. 이럴 때는 나의 목적에 가장 적합한 조언이 무엇인지 신중하게 판단하는 것이 중요합니다.

★ 명확: 명백하고 확실함

 속담을 사용할 수 있는 다양한 상황을 생각해 보세요.

1. 조별 과제를 하는데 조원들의 요구 사항이 전부 다를 때
---

2. 엄마와 아빠가 서로 다른 일을 시킬 때

3.

4.

 관련된 외국 속담을 알아봅시다.

남아프리카공화국 속담 길은 앞서간 사람에게 물어야 한다는 경험이 풍부★한 사람에게 조언을 구해야 한다는 의미입니다. 경험이 있는 만큼 매우 현실적인 조언을 해 줄 수 있기 때문입니다. 실제로 해 보지도 않고 이러쿵저러쿵 조언하는 사람의 말은 듣지 않는 것이 좋습니다. 실제 경험에서 나온 조언이 더 가치 있다는 사실을 잊지 마세요.

★ 풍부: 넉넉하고 많음

 속담을 조금 바꿔 나만의 속담을 만들어 보세요.

예시 어느 장단에 젓가락질하랴.

뜻 맛있는 반찬이 많아서 무엇을 먼저 먹을지 고민이다.

나만의 속담

뜻

4주 차 복습

1. 다음 빈칸에 들어갈 말을 보기에서 찾아 써 보세요.

보기 홍두깨, 장단, 힘, 반, 잔치

1) 소문 난 ☐ 에 먹을 것 없다

2) 시작이 ☐ 이다

3) 아는 것이 ☐ 이다

4) 아닌 밤중에 ☐

5) 어느 ☐ 에 춤추랴

2. 다음 뜻을 가진 단어를 보기에서 찾아 써 보세요.

> **보기** 일치, 명확, 외형, 일반적, 막상, 유래, 설정

1) 비교되는 대상들이 서로 어긋나지 않고 같거나 들어맞음 ➡

2) 사물의 겉모양 ➡

3) 어떤 일에 실지로 이르러 ➡

4) 새로 만들어 정해 둠 ➡

5) 사물이나 일이 생겨남 ➡

6) 특별한 경우가 아닌 대부분의 상황에서 적용되는 방식 ➡

7) 명백하고 확실함 ➡

3. 다음 속담을 보고 그 뜻으로 알맞은 것을 골라 선으로 연결하세요.

속담	뜻
소문 난 잔치에 먹을 것 없다	뜻하지 않은 상황에 벌어지는 엉뚱하고 갑작스러운 일
시작이 반이다	겉보기에 좋아 보이지만 실속이 없다
아는 것이 힘이다	무슨 일이든 시작만 해도 절반은 마친 것과 같다
아닌 밤중에 홍두깨	아는 것이 많으면 여러모로 도움이 된다
어느 장단에 춤추랴	참견하는 사람이 많아 어느 것을 따를지 알기 어렵다

4. 다음 속담과 그 뜻을 읽고 이에 대한 여러분의 생각을 글로 써 보세요.

시작이 반이다
무슨 일이든 시작만 해도 절반은 마친 것과 같다

5주차

어물전 망신은 꼴뚜기가 시킨다

 속담에서 보이는 뜻을 생각해 보세요.

어물전은 생선, 미역 따위 어물을 파는 가게입니다.

꼴뚜기는 오징어와 닮은 연체동물입니다.

 '생선 가게를 망신시키는 건 꼴뚜기이다'입니다.

보이는 뜻

 속담 속에 숨은 뜻을 생각해 보세요.

어물전 망신은 전체의 평판이 나빠짐을 뜻합니다.

꼴뚜기는 일부를 뜻합니다.

입니다.

숨은 뜻

 속담에 대해 자세히 알아봅시다.

어물전 망신은 꼴뚜기가 시킨다는 일부의 잘못으로 전체의 평판★이 나빠진다는 의미입니다. 사람들은 종종 일부의 모습을 보고 전체를 판단하는 경향이 있습니다. 이는 모든 것을 직접 확인할 수 없기 때문에 일부를 통해 짐작하는 것입니다. 따라서 내가 하는 행동이 우리 집, 학교 등에 피해가 가지 않도록 신중히 행동해야 합니다.

★ 평판: 세상 사람들의 비평

 속담을 사용할 수 있는 다양한 상황을 생각해 보세요.

1. 불량한 학생 몇 명 때문에 우리 학교가 비난받을 때
-----

2. 우리 팀 선수가 나쁜 행동을 해서 팀 전체가 비난받을 때

3.

4.

 관련된 외국 속담을 알아봅시다.

베트남에는 벌레 한 마리가 국 한 냄비를 망친다는 속담이 있습니다. 이 역시 한 사람이 전체를 망칠 수 있다는 뜻입니다. 맛있는 국을 끓였는데 벌레가 한 마리 들어 있다고 생각해 보세요. 아무리 맛있게 끓였다고 해도 그 국은 먹기가 어렵겠죠. 따라서 공동체★에 속한 사람으로서 나의 행동에 책임감을 가져야 합니다.

★ 공동체: 생활이나 목적 따위를 같이하는 집단

 속담을 조금 바꿔 나만의 속담을 만들어 보세요.

예시 콘서트 망신은 음 이탈 이 시킨다.

뜻 작은 실수가 전체를 망칠 수 있다.

나만의 속담 ☐

뜻

엎친 데 덮친 격

 속담에서 보이는 뜻을 생각해 보세요.

엎친 데는 뒤집어진 데를 뜻합니다.

덮친 격은 들이닥쳐 위에서 누르는 모양을 뜻합니다.

 보이는 뜻 '뒤집어진 데를 들이닥쳐 누르는 모양'을 뜻합니다.

 속담 속에 숨은 뜻을 생각해 보세요.

엎친 데는 나쁜 일이 있는 상황을 뜻합니다.

덮친 격은 문제가 더해짐을 뜻합니다.

 숨은 뜻 입니다.

 속담에 대해 자세히 알아봅시다.

똑바로 있고 싶은데 누군가 나를 억지로 뒤집고 그 위에 올라타서 힘껏 누른다면 어떨까요? 엎친 데 덮친 격은 이처럼 나쁜 일이 있는 상황에 문제가 더해짐을 뜻합니다. 이상하게도 나쁜 일은 한 번 생기면 꼭 연달아★ 생기는 경우가 있습니다. 따라서 나쁜 일이 생기면 당분간 조심할 필요가 있습니다.

★ 연달아: 어떤 사건이나 행동 따위가 이어 발생함

 속담을 사용할 수 있는 다양한 상황을 생각해 보세요.

1. 핸드폰을 놓고 왔는데 길까지 잃어버렸을 때
----

2. 왼팔을 다쳤는데 오른 다리까지 다쳤을 때

3.

4.

 관련된 외국 속담을 알아봅시다.

일본에는 우는 얼굴에 벌침이라는 속담이 있습니다. 그렇지 않아도 울고 있는데 벌이 날아와 침까지 쏜다면 어떨까요? 그래서 이 속담 역시 불행★한 일이 연달아 일어나는 상황을 나타냅니다. 하지만 세상의 일은 계속해서 변합니다. 불행한 일이 연달아 있었다면 곧 불행이 끝날 겁니다. 힘이 들 때는 나쁜 일이 곧 끝나고 좋은 일이 생길 거라는 걸 믿고 힘을 내야 합니다.

★ 불행: 행복하지 아니한 일

 속담을 조금 바꿔 나만의 속담을 만들어 보세요.

예시 우는 데 웃는 격

뜻 상황에 전혀 어울리지 않는 부적합한 행동을 할 때

나만의 속담

뜻

이미 엎질러진 물

 속담에서 보이는 뜻을 생각해 보세요.

이미는 다 지난 일을 이를 때 쓰는 말입니다.

엎질러지다는 그릇에서 액체 따위가 쏟아져 나오다라는 뜻입니다.

 보이는 뜻

'벌써 그릇에서 쏟아져 나온 물'을 뜻합니다.

 속담 속에 숨은 뜻을 생각해 보세요.

이미 엎질러진은 벌써 일어나 버린이라는 뜻입니다.

물은 돌이킬 수 없는 일을 뜻합니다.

 숨은 뜻

입니다.

 속담에 대해 자세히 알아봅시다.

이미 엎질러진 물은 벌써 일어나 버려서 돌이킬 수 없는 일을 뜻합니다. 시간은 항상 앞으로만 흐르며 과거로 돌아갈 수 없습니다. 따라서 한 번 발생★한 일은 없었던 일로 되돌릴 수가 없습니다. 내가 하는 행동이 어떤 결과를 가져올지 미리 생각하고 신중하게 행동하는 것이 중요합니다.

★ 발생: 어떤 일이나 사물이 생겨남

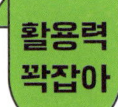 속담을 사용할 수 있는 다양한 상황을 생각해 보세요.

1. 시험을 망친 후 후회하는 동생에게
---
2. 친구에게 실수로 상처 주는 말을 했을 때

3.

4.

 관련된 외국 속담을 알아봅시다.

태국에는 쌀이 이미 익어 버렸다는 속담이 있습니다. 쌀을 익히면 밥이 됩니다. 이때 한 번 익힌 쌀은 절대 원래의 생쌀★로 돌아갈 수 없습니다. 그래서 이 속담 역시 돌이킬 수 없는 일을 뜻합니다. 되돌릴 수 없는 일은 후회해도 소용없습니다. 우선 받아들이고 해결 방법을 찾는 것이 중요합니다.

★ 생쌀: 익히지 않은 쌀

 속담을 조금 바꿔 나만의 속담을 만들어 보세요.

예시 이미 먹어 버린 야식

뜻 먹고 나서 살찐다고 걱정해도 소용없다.

나만의 속담

뜻

자다가 봉창 두드린다

 속담에서 보이는 뜻을 생각해 보세요.

봉창은 여닫지 못하다도록 만든 창문을 말합니다.

두드리다는 소리가 나도록 친다는 뜻입니다.

 보이는 뜻
'자다가 봉창을 소리 나도록 친다'입니다.

 속담 속에 숨은 뜻을 생각해 보세요.

자다가는 갑자기, 뜬금없이라는 의미입니다.

봉창 두드린다는 아무 관련 없는 말과 행동을 한다는 뜻입니다.

 숨은 뜻
입니다.

속담 꽉잡아 속담에 대해 자세히 알아봅시다.

> 사람이 대화를 나누거나 행동할 때는 앞뒤 맥락★을 고려하여 관련된 말을 하거나 적절한 행동을 해야 합니다. 하지만 자다가 봉창 두드린다는 이와 달리 갑자기 아무 관련 없는 말과 행동을 한다는 의미입니다. 자다가 일어나서 갑자기 창문을 두드리는 모습을 떠올려보세요. 이처럼 황당하고 뜬금 없는 상황에서 사용할 수 있습니다.
>
> ★ 맥락: 사물 따위가 서로 이어져 있는 관계

활용력 꽉잡아 속담을 사용할 수 있는 다양한 상황을 생각해 보세요.

1. 숙제 이야기를 하는데 갑자기 게임 이야기를 할 때
---
2. 국어 시간에 갑자기 과학 수업 과제를 묻는 친구에게

3.

4.

 관련된 외국 속담을 알아봅시다.

브라질에는 너는 내게 그리스어로 말했다라는 속담이 있습니다. 브라질은 한때 포르투갈의 식민지★였기 때문에 포르투갈어를 사용합니다. 포르투갈어를 사용하는 브라질 사람에게 그리스어로 말하면 전혀 이해할 수 없겠죠. 따라서 이 속담은 어려운 말이나 이해할 수 없는 이야기를 들었을 때 사용하는 표현입니다.

★ 식민지: 다른 나라에게 주권을 빼앗긴 나라

 속담을 조금 바꿔 나만의 속담을 만들어 보세요.

예시 낮잠 자다 키보드 두드린다.

뜻 잘 자고 일어나 게임부터 한다.

나만의 속담

뜻

얌전한 고양이 부뚜막에 먼저 올라간다

 속담에서 보이는 뜻을 생각해 보세요.

얌전한은 성품이나 태도가 단정함을 뜻합니다.

올라간다는 낮은 곳에서 높은 곳으로 간다는 뜻입니다.

 보이는 뜻 '성품이 단정한 고양이가 부뚜막 위에 먼저 간다'는 뜻입니다.

 속담 속에 숨은 뜻을 생각해 보세요.

얌전한 고양이는 평소 행실이 좋은 사람을 뜻합니다.

부뚜막에 먼저 올라간다는 나쁜 행동을 먼저 한다는 뜻입니다.

 숨은 뜻   입니다.

 속담에 대해 자세히 알아봅시다.

암전한 고양이 부뚜막에 먼저 올라간다는 평소 행실이 좋은 사람이 나쁜 행동을 먼저 한다는 뜻입니다. 사람의 진짜 성격은 겉모습만으로는 알 수 없습니다. 평소에 차분하던 사람이 갑자기 돌변★해 예상치 못한 행동을 할 수도 있습니다. 겉모습과 실제 성격은 다를 수 있으니 사람을 섣불리 판단하지 말아야 하겠습니다.

★ 돌변: 뜻밖에 갑자기 달라짐

 속담을 사용할 수 있는 다양한 상황을 생각해 보세요.

1. 부끄러움 많던 친구가 장기 자랑 시간에 열심히 춤출 때
----
2. 착하던 아이가 몰래 친구들을 괴롭힐 때

3.

4.

 관련된 외국 속담을 알아봅시다.

능력 있는 매는 발톱을 숨긴다는 진정한 실력을 가진 사람은 겉으로 드러내지 않는다는 뜻의 일본 속담입니다. 자신의 능력을 과시하면 주변의 견제★를 받을 수도 있고, 기대가 높아진 만큼 실패했을 때 큰 비난을 받을 수도 있습니다. 따라서 능력은 아무 때나 드러내지 말고 꼭 필요할 때 신중하게 발휘하는 것이 중요합니다.

★ 견제: 상대를 살펴서 방해하거나 억누름

 속담을 조금 바꿔 나만의 속담을 만들어 보세요.

예시 : 맛있는 고기 식탁 에 먼저 오른다.

뜻: 사람들이 좋아하는 것이 먼저 사용된다.

나만의 속담:

뜻:

5주 차 복습

1. 다음 빈칸에 들어갈 말을 보기에서 찾아 써 보세요.

보기   덮친, 물, 봉창, 고양이, 꼴뚜기

1) 어물전 망신은 ☐ 가 시킨다

2) 엎친 데 ☐ 격

3) 이미 엎질러진 ☐

4) 자다가 ☐ 두드린다

5) 얌전한 ☐ 부뚜막에 먼저 올라간다

2. 다음 뜻을 가진 단어를 보기에서 찾아 써 보세요.

> **보기** 평판, 맥락, 발생, 생쌀, 식민지, 연달아, 공동체

1) 세상 사람들의 비평 ➡

2) 생활이나 목적 따위를 같이하는 집단 ➡

3) 어떤 사건이나 행동 따위가 이어 발생함 ➡

4) 어떤 일이나 사물이 생겨남 ➡

5) 익히지 않은 쌀 ➡

6) 사물 따위가 서로 이어져 있는 관계 ➡

7) 다른 나라에게 주권을 빼앗긴 나라 ➡

3. 다음 속담을 보고 그 뜻으로 알맞은 것을 골라 선으로 연결하세요.

속담	뜻
어물전 망신은 꼴뚜기가 시킨다	나쁜 일이 있는 상황에 문제가 더해짐
엎친 데 덮친 격	벌써 일어나 버려서 돌이킬 수 없는 일
이미 엎질러진 물	일부의 잘못으로 전체의 평판이 나빠진다
자다가 봉창 두드린다	평소 행실이 좋은 사람이 나쁜 행동을 먼저 한다
얌전한 고양이 부뚜막에 먼저 올라간다	갑자기 아무 관련 없는 말과 행동을 한다

4. 다음 속담과 그 뜻을 읽고 이에 대한 여러분의 생각을 글로 써 보세요.

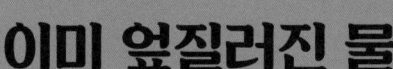

이미 엎질러진 물

벌써 일어나 버려서 돌이킬 수 없는 일

6주 차

짚신도 짝이 있다

 속담에서 보이는 뜻을 생각해 보세요.

짚신은 볏짚으로 삼아 만든 신입니다.

짝은 둘이 어울려 한 쌍을 이루는 것입니다.

 보이는 뜻 '볏짚으로 만든 신도 어울릴 짝이 있다'입니다.

 속담 속에 숨은 뜻을 생각해 보세요.

짚신도는 보잘것없는 사람도란 뜻입니다.

짝이 있다는 어울리는 인연이 있다는 뜻입니다.

 숨은 뜻   입니다.

 속담에 대해 자세히 알아봅시다.

짚신은 옛날에 사용하던 값싸고 흔한 신발입니다. 하지만 신발이기에 반드시 그 짝이 있습니다. 그래서 짚신도 짝이 있다는 보잘것없는 사람에게도 어울리는 인연★은 있다는 뜻입니다. 이 속담은 결혼이나 인간관계를 이야기할 때 자주 사용되며, "나에게도 맞는 인연이 있을까?" 하고 걱정하는 사람을 위로할 때 쓰이기도 합니다.

★ 인연: 사람들 사이에 맺어지는 관계

 속담을 사용할 수 있는 다양한 상황을 생각해 보세요.

1. 결혼을 못 해서 외로워하는 삼촌에게
---
2. 새 학년에 올라가 친구를 못 사귈까 봐 걱정하는 동생에게

3.

4.

 **배경지식 꽉잡아** 관련된 외국 속담을 알아봅시다.

> 아르헨티나에는 모든 양은 짝과 함께한다는 속담이 있습니다. 양은 무리★를 지어 다니며, 항상 짝을 이루어 함께 생활합니다. 그래서 이 속담은 세상 모든 존재는 자신과 어울리는 짝이 있다는 의미입니다. 결혼, 우정, 학교, 직장 등 다양한 인간 관계에서 어울리는 상대를 찾게 된다는 의미로 쓸 수 있습니다.
>
> ★ 무리: 사람이나 짐승 따위가 모여 뭉친 하나의 패

 **창의력 꽉잡아** 속담을 조금 바꿔 나만의 속담을 만들어 보세요.

예시 | 젓가락 |도 짝이 있다.

뜻   혼자서는 불완전하고 외롭다.

나만의 속담 [   ]

뜻

천 리 길도 한 걸음부터

 속담에서 보이는 뜻을 생각해 보세요.

천 리 길은 400km나 되는 먼 길을 말합니다.

한 걸음은 발을 한 번 내딛는 동작입니다.

 보이는 뜻 : '400km의 먼 길도 발 한 번 내딛는 것부터'란 뜻입니다.

 속담 속에 숨은 뜻을 생각해 보세요.

천 리 길은 크고 어려운 목표를 뜻합니다.

한 걸음은 작은 실천을 뜻합니다.

 숨은 뜻 : _____ 입니다.

 속담에 대해 자세히 알아봅시다.

천 리 길도 한 걸음부터는 크고 어려운 목표도 작은 실천부터 시작된다는 의미입니다. 처음에는 거창한★ 목표가 내 힘으로는 도저히 이룰 수 없을 것처럼 느껴질 수 있습니다. 하지만 어떠한 위대한 성취도 하루하루의 작은 노력이 쌓여 이루어지는 것입니다. 처음부터 완벽할 필요는 없습니다. 지금 할 수 있는 작은 시도부터 시작해 보세요.

★ 거창한: 일의 규모나 형태가 매우 크고 넓음

 속담을 사용할 수 있는 다양한 상황을 생각해 보세요.

1. 시험을 앞두고 공부할 양이 너무 많아 막막할 때
----

2. 운동을 처음 시작하는 친구가 걱정할 때

3.

4.

 관련된 외국 속담을 알아봅시다.

튀르키예에는 방울방울★ 떨어져 호수가 된다는 속담이 있습니다. 물 한 방울은 매우 적은 양입니다. 하지만 거대한 호수도 결국은 물 한 방울이 모여 이루어집니다. 그래서 이 속담은 작은 노력도 꾸준히 쌓이면 결국 큰 성과를 이루게 된다는 의미를 가지고 있습니다.

★ 방울방울: 한 방울 한 방울

 속담을 조금 바꿔 나만의 속담을 만들어 보세요.

예시 두꺼운 책 도 한 글자 부터

뜻 아무리 두꺼운 책이라도 한 글자씩 읽으면 다 읽을 수 있다.

나만의 속담

뜻

콩으로 메주를 쑨다 해도 곧이듣지 않는다

 속담에서 보이는 뜻을 생각해 보세요.

메주는 콩을 삶아서 만든 **된장의 원료**입니다.

쑨다는 곡식을 끓여 익혀서 죽이나 메주를 만든다는 뜻입니다.

 보이는 뜻

'콩으로 된장의 원료를 만든다고 해도 믿지 않는다'입니다.

 속담 속에 숨은 뜻을 생각해 보세요.

콩으로 메주를 쑨다 해도는 아무리 분명한 사실이라도라는 뜻입니다.

곧이듣지 않는다는 믿지 않는다는 뜻입니다.

 숨은 뜻

입니다.

 속담에 대해 자세히 알아봅시다.

콩으로 메주를 쑨다 해도 곧이듣지 않는다는 신뢰를 잃은 사람의 말은 아무리 분명한 사실이라도 믿지 않게 된다는 뜻입니다. 거짓말을 반복하는 사람의 말은 당연한 사실조차 믿기 힘듭니다. 이는 언제 또다시 거짓말을 할지 모른다는 불신★ 때문입니다. 나의 말과 행동을 사람들이 믿을 수 있도록 언제나 말과 행동에 책임을 져야 합니다.

★ 불신: 믿지 못함

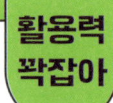 속담을 사용할 수 있는 다양한 상황을 생각해 보세요.

1. 사기꾼이 이번에만 믿어 보라고 할 때
---
2. 늘 전교 1등만 하는 친구가 시험을 못 봤다고 할 때

3.

4.

 관련된 외국 속담을 알아봅시다.

창에 두 번 찔리진 않는다라는 남아프리카공화국 속담이 있습니다. 이는 사람은 같은 실수를 반복하지 않으려 한다는 의미입니다. 누구든 한 번은 속일 수 있습니다. 하지만 두 번을 속이기는 어렵습니다. 한 번 속으면 더 이상 상대를 믿지 않기 때문입니다. 그러니 다른 사람의 신뢰를 잃지 않도록 주의★하기 바랍니다. 한 번 두 번 속이다 보면 세상 누구도 여러분을 믿지 않게 될 수 있습니다.

★ 주의: 마음에 새겨 두고 조심함

 속담을 조금 바꿔 나만의 속담을 만들어 보세요.

예시 팥 으로 메주를 쑨다 해도 믿는다.

뜻 앞뒤 가리지 않고 무조건 믿는다.

나만의 속담

뜻

핑계 없는 무덤 없다

 속담에서 보이는 뜻을 생각해 보세요.

핑계는 책임을 피하려고 하는 변명입니다.

무덤은 죽은 사람을 땅에 묻어 놓은 곳입니다.

보이는 뜻 : '변명 없는 무덤은 없다'입니다.

 속담 속에 숨은 뜻을 생각해 보세요.

핑계 없는은 변명하지 않는이란 뜻입니다.

무덤은 잘못을 뜻합니다.

 숨은 뜻 : 　　　　　　　　　　　　　입니다.

 속담에 대해 자세히 알아봅시다.

핑계 없는 무덤 없다는 **누구나 잘못을 하면 변명을 하기 마련**이라는 의미입니다. 사람은 책임져야 할 일이 생기면 자신을 보호★하려고 이런저런 이유를 대기 마련입니다. 하지만 정말 이유가 되는 경우보다는 대부분 책임을 피하기 위한 말에 불과한 경우가 많습니다. 잘못을 했다면 변명하지 말고 책임지는 자세가 중요합니다.

★ 보호: 위험이나 곤란이 미치지 않도록 잘 보살펴 돌봄

 속담을 사용할 수 있는 다양한 상황을 생각해 보세요.

1. 약속을 어긴 친구가 말도 안 되는 이유를 댈 때
---
2. 돈을 빌려간 친구가 핑계를 대며 돈을 갚지 않을 때

3.

4.

 관련된 외국 속담을 알아봅시다.

> 나이지리아에는 죄 없는 사람은 굳이 해명★하지 않는다는 속담이 있습니다. 이는 잘못이 없는 사람은 괜한 말을 하지 않는다는 뜻입니다. 잘못한 사람은 자신의 죄를 덮기 위해 온갖 말을 하게 됩니다. 하지 않아도 되는 말을 하며 이유를 늘어놓죠. 떳떳하다면 조용히 필요한 행동만 하면 됩니다.
>
> ★ 해명: 까닭이나 내용을 풀어서 밝힘

 속담을 조금 바꿔 나만의 속담을 만들어 보세요.

예시 핑계 없는 　늦잠　 없다.

뜻 늦게 일어나 놓고 온갖 핑계를 다 댄다.

나만의 속담

뜻

호미로 막을 것을 가래로 막는다

 속담에서 보이는 뜻을 생각해 보세요.

호미는 고구마 따위를 캘 때 쓰는 작은 농기구입니다.

가래는 흙을 파헤칠 때 쓰는 큰 농기구입니다.

 보이는 뜻

'고구마 캐는 농기구로 막을 것을 흙 파헤치는 농기구로 막는다'입니다.

 속담 속에 숨은 뜻을 생각해 보세요.

호미로 막을 것은 적은 힘으로 처리할 일을 뜻합니다.

가래로 막는다는 많은 힘을 들인다는 뜻입니다.

 숨은 뜻

입니다.

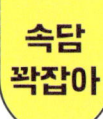 속담에 대해 자세히 알아봅시다.

호미는 작고 가벼운 반면 가래는 크고 무겁습니다. 그래서 호미로 막을 것을 가래로 막는다는 적은 힘으로 처리할 일에 많은 힘을 들인다는 의미입니다. 주로 미리 했으면 쉽게 끝날 일을 방치★했다가 나중에 더 힘들게 처리해야 할 때 사용합니다. 미루지 않고 바로바로 실천하는 습관의 중요성을 알려 주는 속담입니다.

★ 방치: 내버려 둠

 속담을 사용할 수 있는 다양한 상황을 생각해 보세요.

1. 작은 병을 방치했다가 큰 병이 되었을 때
-----
2. 방학 숙제를 미뤘다가 마지막에 몰아서 할 때

3.

4.

 관련된 외국 속담을 알아봅시다.

영국에는 제때 한 땀★이 아홉 땀을 아낀다는 속담이 있습니다. 옷에 실이 조금 풀렸을 때 바로 한 땀 꿰매면 간단합니다. 그러나 만약 방치하면 풀린 부분이 커져서 나중에는 아홉 땀이나 꿰매야 할 수 있습니다. 이 속담 역시 일을 제때 처리하면 힘과 시간을 절약할 수 있다는 교훈을 주고 있습니다.

★ 땀: 바느질할 때 바늘로 한 번 실을 꿰매는 동작

속담을 조금 바꿔 나만의 속담을 만들어 보세요.

예시 | 붓 | 으로 | 그릴 | 것을 | 페인트 | 로 | 칠한다.

뜻 섬세하게 할 일을 너무 거칠게 할 때

나만의 속담

뜻

6주 차 복습

1. 다음 빈칸에 들어갈 말을 보기에서 찾아 써 보세요.

보기   호미, 무덤, 짚신, 걸음, 메주

1) ☐ 도 짝이 있다

2) 천 리 길도 한 ☐ 부터

3) 콩으로 ☐ 를 쑨다 해도 곧이듣지 않는다

4) 핑계 없는 ☐ 없다

5) ☐ 로 막을 것을 가래로 막는다

2. 다음 뜻을 가진 단어를 보기에서 찾아 써 보세요.

보기   거창한, 해명, 인연, 불신, 무리, 땀, 방치

1) 사람들 사이에 맺어지는 관계 ➡

2) 사람이나 짐승 따위가 모여 뭉친 하나의 패 ➡

3) 일의 규모나 형태가 매우 크고 넓음 ➡

4) 믿지 못함 ➡

5) 까닭이나 내용을 풀어서 밝힘 ➡

6) 내버려 둠 ➡

7) 바느질할 때 바늘로 한 번 실을 꿰매는 동작 ➡

3. 다음 속담을 보고 그 뜻으로 알맞은 것을 골라 선으로 연결하세요.

속담	뜻
짚신도 짝이 있다	신뢰를 잃은 사람의 말은 아무리 분명한 사실이라도 믿지 않게 된다
천 리 길도 한 걸음부터	크고 어려운 목표도 작은 실천부터 시작된다
콩으로 메주를 쑨다 해도 곧이듣지 않는다	적은 힘으로 처리할 일에 많은 힘을 들인다
핑계 없는 무덤 없다	누구나 잘못을 하면 변명을 하기 마련이다
호미로 막을 것을 가래로 막는다	보잘것없는 사람에게도 어울리는 인연은 있다

4. 다음 속담과 그 뜻을 읽고 이에 대한 여러분의 생각을 글로 써 보세요.

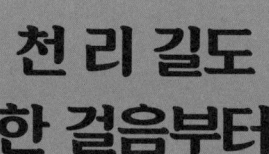

천 리 길도 한 걸음부터

크고 어려운 목표도 작은 실천부터 시작된다

정답

1주 차 복습

1. 다음 빈칸에 들어갈 말을 보기에서 찾아 써 보세요.

   1) 장날   2) 탑
   3) 양잿물 4) 구더기
   5) 금강산

2. 다음 뜻을 가진 단어를 보기에서 찾아 써 보세요.

   1) 장례식 2) 찰나
   3) 헛되이 4) 수도
   5) 세척제 6) 악취
   7) 처하다

3. 다음 속담을 보고 그 뜻으로 알맞은 것을 골라 선으로 연결하세요.

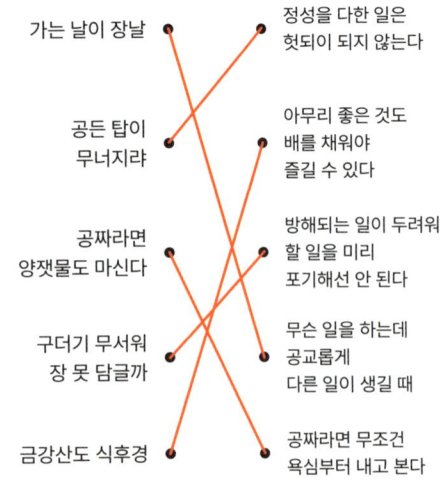

2주 차 복습

1. 다음 빈칸에 들어갈 말을 보기에서 찾아 써 보세요.

   1) 해몽   2) 삼키고
   3) 말   4) 헤엄
   5) 제사

2. 다음 뜻을 가진 단어를 보기에서 찾아 써 보세요.

   1) 해석   2) 공상
   3) 미끼   4) 이익
   5) 선행   6) 경솔하다
   7) 활용

3. 다음 속담을 보고 그 뜻으로 알맞은 것을 골라 선으로 연결하세요.

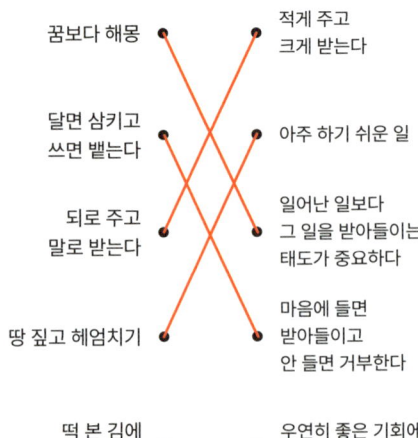

3주차 복습

1. 다음 빈칸에 들어갈 말을 보기에서 찾아 써 보세요.

   1) 천 냥 2) 독
   3) 부뚜막 4) 여든
   5) 경

2. 다음 뜻을 가진 단어를 보기에서 찾아 써 보세요.

   1) 갈등 2) 가치
   3) 사막 4) 무의미
   5) 제공 6) 강조
   7) 지침

3. 다음 속담을 보고 그 뜻으로 알맞은 것을 골라 선으로 연결하세요.

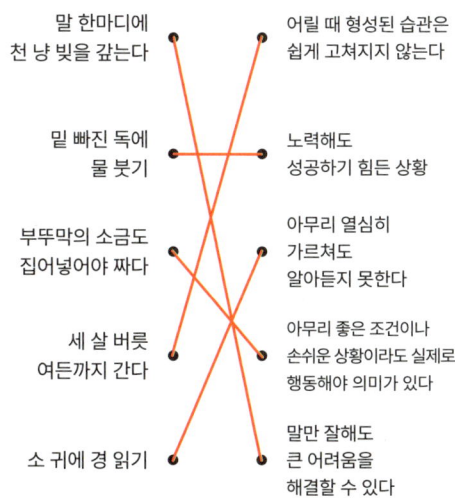

4주차 복습

1. 다음 빈칸에 들어갈 말을 보기에서 찾아 써 보세요.

   1) 잔치 2) 반
   3) 힘 4) 홍두깨
   5) 장단

2. 다음 뜻을 가진 단어를 보기에서 찾아 써 보세요.

   1) 일치 2) 외형
   3) 막상 4) 설정
   5) 유래 6) 일반적
   7) 명확

3. 다음 속담을 보고 그 뜻으로 알맞은 것을 골라 선으로 연결하세요.

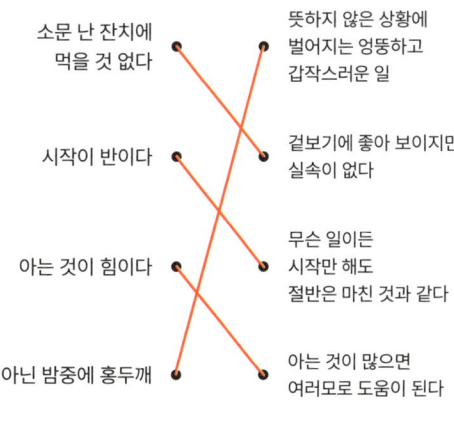

5주차 복습

1. 다음 빈칸에 들어갈 말을 보기에서 찾아 써 보세요.

   1) 꼴뚜기 2) 덮친
   3) 물   4) 봉창
   5) 고양이

2. 다음 뜻을 가진 단어를 보기에서 찾아 써 보세요.

   1) 평판   2) 공동체
   3) 연달아 4) 발생
   5) 생쌀   6) 맥락
   7) 식민지

3. 다음 속담을 보고 그 뜻으로 알맞은 것을 골라 선으로 연결하세요.

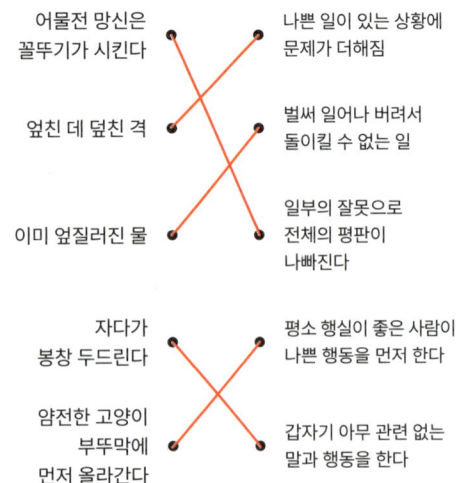

6주차 복습

1. 다음 빈칸에 들어갈 말을 보기에서 찾아 써 보세요.

   1) 짚신   2) 걸음
   3) 메주   4) 무덤
   5) 호미

2. 다음 뜻을 가진 단어를 보기에서 찾아 써 보세요.

   1) 인연   2) 무리
   3) 거창한 4) 불신
   5) 해명   6) 방치
   7) 땀

3. 다음 속담을 보고 그 뜻으로 알맞은 것을 골라 선으로 연결하세요.

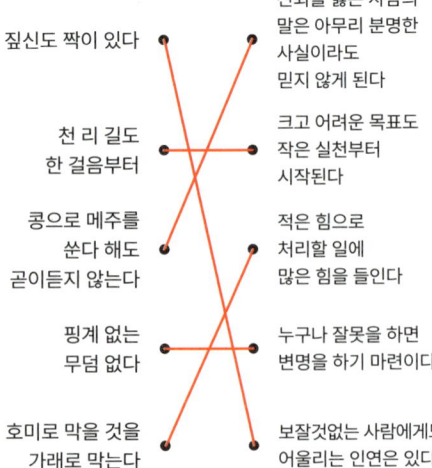